クラスで使える！
アサーション授業プログラム『ハッキリンで互いの気持ちをキャッチしよう』

改訂版

竹田伸也・松尾理沙・大塚美菜子 著

遠見書房

はじめに

この本は，2018 年に出版した『クラスで使える！　アサーション授業プログラム―自分にも相手にもやさしくなれるコミュニケーション力を高めよう』（以下，『アサーション授業』）に収めていたプログラムを，バージョンアップしたものです。元々，『アサーション授業』は 2015 年に出版した『クラスで使える！　ストレスマネジメント授業プログラム―心のメッセージを変えて気持ちの温度計を上げよう』の続編として開発されたプログラムでした。いずれの本にも，私たちが開発した授業プログラムが CD-ROM に収められており，専門知識を持っていなくても，マイクロソフトのプレゼンテーション・ソフト「パワーポイント ®」に沿って授業を進めることができ，１回で完結する授業プログラムです。

大変ありがたいことに，『アサーション授業』は多くの学校関係者の方々にお読みいただき，全国の小中学校で実践されています。同時に，現場の先生や子どもたちからアサーション授業をさらに発展させる有益な情報をたくさんいただきました。そうした声をしっかりと盛り込み，さらに使いやすく，ためになるプログラムとして生まれ変わったのが，本書に収録しているアサーション授業プログラムです。

アサーションとは，お互いを大切にしながらコミュニケーション

することであり，『アサーション授業』を出版する以前からすでに多くの教育現場で取り組まれています。以前から行われていたアサーションについて，私が新たに授業プログラムを作ろうと思ったのには，２つの理由がありました。

１つは，現場の先生方から数多く寄せられた「アサーションスキルを身につけたのに，それがうまく使えない子どもが少なくない」という声に応えたいとの想いからでした。アサーションスキルを習得してもそれが使えない理由として，「アサーションを阻む考え」が影響しているのではないかと私たちは考えました。たとえば,「本音を言ったら嫌われる」と考えると，言いたいことをハッキリと言えず,曖昧な言い方（非主張的表現）になってしまうでしょう。「強く言わないとなめられる！」と考えると，攻撃的な言い方（攻撃的表現）になってしまうでしょう。非主張的表現や攻撃的表現は，それを促す考えが浮かぶことによって,陥りやすくなる。だとすれば,子どもたちがアサーションを使えるようにするには，そのスキルを身につけるだけでなく，アサーションを阻む考えを弱める力も育ててあげなければなりません。しかし，これまで小中学校では，アサーションを阻む考えまで考慮したアサーション授業は行われていませんでした。アサーションを阻む考えを弱める力も身につけられる授業プログラムを作ろう。そう思って作成したのが，このアサーション授業プログラムです。

この授業プログラムを作ったもう１つの理由は,子どもたちの「自他尊重の心」を育てることが学校教育における大切な目標だと思ったからです。アサーションは，自他尊重の心に基礎づけられたコミュニケーションです。ところが，アサーションが扱われるとき，そうした自他尊重の心は置いておき，どうすればうまく相手に言いたいことが伝わるかという技術的な側面が強調され過ぎているように私には思えたのです。そこで，自他尊重の心の成長も視野に入れたアサーション授業プログラムを作ることにしました。自他尊重の心に基礎づけられたアサーションを身につけることによって，子どもたちの人間関係が豊かになり，いじめや不登校として表された子どもたちの苦しみが少しでも減ることが期待できます。それはそれでとても大切なことですが，このアサーション授業プログラムには，そうした短期的な効果以外に，長期的に見据えた「ある意図」が備わっています。

近頃，生きづらい世の中になったと思わないでしょうか。そしてその傾向は，『アサーション授業』を上梓した 2018 年と比べさらに強まってはいないでしょうか。みなさんは，誰かに助けてほしいときに，「助けて」と気軽に言えますか？　難しいと感じる人が，きっと少なくないと思うのです。では，私たちの社会は，どうしてこうも「助けて」と言うことのハードルが高いのでしょうか。さまざまな理由があるのでしょうが，そのなかにはきっと「世の中から余裕がなくなってきた」ということと「自己責任という考えが幅を利かせている」という事情が強く作用しているように思います。少し古いデータになりますが，米国の Pew Research Center が 2007 年に実施した国際調査では，「自立できない最も貧しい人たちの面倒をみるのは国の責任である」という考えに，47 カ国中大半の国々では 80％以上の人が賛成を示したのに対し，日本でそれに賛成した人は59%にとどまり最下位でした。この調査から，私たちの国では「自己責任論」が幅を利かせているということが垣間見えると思います。

世の中から余裕がなくなってきたということは，今までみんなが群がっていたパイが，実はすでにみんなで群がれないほど小さくなり始めているということです。そんなときに，自己責任論が幅を利かすと何が起こるでしょう。それは，小さくなり始めたパイを奪い合う，弱肉強食のグロテスクな競争です。なぜなら，自己責任論とは，「この先どうなるかはすべて自分次第。割を食いたくなければ，競争に勝ち上がれ」という価値観で暮らすことだからです。そんなふうに競争が強いられて，負けても誰も助けてはくれないというメッセージに日々囲まれて暮らしていると，私たちは自分のことで精いっぱいになってしまいます。こうした状況で「助けて」と言うのはかなり難しいことでしょう。

もう１つ,先ほどの米国の調査で言えることがあります。それは,「自立できない貧しさは，自分とは縁遠いことである」と考えている人が，私たちの国には一定数いるということです。生活困窮以外にも，子ども，高齢者，病者，障がい者など，弱者に組される状態は多様です。そうした弱者に対して，近年厳しい言説が飛び交うようになりました。そうした厳しい態度が取れるのは,「弱者は，自分とは無関係な存在である」と考えているからだと思うのです。しかし，本当にそうなのでしょうか。みなさんのなかで，子ども時代誰の世話も受けなかったという人はいるでしょうか。運よく長命を謳歌した場合，認知症になったり寝たきりになったりしないと断言できる人はいるでしょうか。病気や障がいをまったく得ずに天寿を全うできると思える人はいるでしょうか。生まれてから死ぬまでの間に，自分は生活困窮と無縁であると言い切れる人はいるでしょうか。いずれも，もちろんいないでしょう。ここから言えること。それは，弱者とはかつての自分やいつか訪れる自分であるということです。つまり，「時間軸の異なる自分」こそ，弱者の本体なのです。そう考えると，弱者を排他するような行為は，自分に呪いをかけるようなことだとわかります。私たち誰もが備えている「弱さ」を安心して表すことができない社会は，誰にとっても生きづらい社会です。

世の中が生きづらくなったと感じるのには，もう一つ理由があります。それは，社会の分断に根差した機能しないコミュニケーションがはびこっていることです。今の時代は「分断の時代」だと言われます。これ自体驚くことはありません。人はそれぞれ抱えている価値観が異なるので，意見の違いというレベルでの分断が生じるのは自然なことでもあります。問題なのは，意見の違う人同士の間でコミュニケーションが機能しないことです。コミュニケーションをほかの言葉に置き換えると，「やりとり」という言葉がぴったりです。言葉を「やる（伝える）」ことと言葉を「とる（受け取る）」ことが調和していなくては，コミュニケーションは成立しません。コミュニケーションが機能しないとは，こちらの言いたいことをしっかりと相手に届けられず，相手が言ったことをありのまま受け取ることができないということです。2023 年に報告された World Happiness Report によると，国別の幸福度ランキングで日本の順位は137カ国中47位でした。ところが，寛容さに関しては群を抜いて低かったのです。このことは，日本国内において価値観や立場の異なる人との間でのやりとりが極めて難しくなっていると理解することができます。

解決困難な問題に対して，人は距離を取ろうとしがちです。解決困難な問題を抱えることによる葛藤を避けたい心理からそうなるのでしょう。では，価値観の違いを解決することは可能でしょうか。誰もが同じ価値観を抱けない以上，それは不可能なことです。そうすると，「解決困難な問題に対して距離を取ろうとする」という働きによって，価値観が違う相手に対して「ここ（学校，職場，地域，日本）から出ていけ」という定型句が飛び交いやすくなります。そうした社会は，誰にとっても窮屈であるばかりでなく，多様性を包摂することがますます困難になるでしょう。

たしかに，価値観が似ていて気心知れた者同士でやったほうがうまくいくという考えもあります。「世の中を見たいように見る」という性質を備えた私たちにとって，見たい方向が一致した集団に属することは，きっと居心地のよいことでしょう。しかし，そこには大きな落とし穴があります。それは，みんなが同じ方向を向いていると，そこから生まれる営みは極端になりやすいということです。そのうえ，向いている先に大きな危険があったり，向いているほうとは違う方向に大切なことがあったりした場合，それを見落とすリスクを抱えることにもなります。全員が「前に突っ込め！」と猛進する先に崖があれば，全滅する。こうしたときは，「自分はこの場にとどまりたい」「そんなに速く進めないからゆっくり行く」「自分は違う方向に進みたい」という人がいたほうが，その集団が生き延びる可能性を高めます。そう考えると，コミュニティを構成する人々のウィングが広いというのは，とても大切なことなのがわかります。これからの時代に必要なのは，自分と価値観が異なる人たちと，互いに尊重しあってコミュニケーションする力です。その力が，コミュニティにおける多様な人々の共生を可能にし，さまざまな局面を乗り越える最適解を生み出す底力となるからです。

生きづらい社会の反対は，居心地よい社会です。では，居心地よい社会とはどのような社会でしょうか。ここまでの話をまとめると，「安心して弱さを表せる社会」であり，「価値観や立場の異なる人々との間でコミュニケーションが機能する社会」であるといえるでしょう。そのために求められることこそ，自他尊重の心に基礎づけられたコミュニケーションだと思うのです。この先どのような社会が待ち受けていようと，そうした成熟を遂げた市民が多ければ多いほど心強い。だからこそ，学校教育のなかで自他尊重の心に基礎づけられたアサーション力を養うことはとても大切なことではないかと考えたのです。そうした想いから，力を注いで作り上げたのが，本書に収めたアサーション授業プログラムです。

つい思いが溢れてしまい，あれこれと多くを語りすぎてしまいました。私たちのアサーション授業プログラムがなぜ生まれ，どこに向かっているかを少しでも酌んでいただけましたら嬉しいです。バージョンアップしたアサーション授業を，より多くの学校で取り組んでもらえるために，本書を改めて出版してくださいました遠見書房の山内俊介さんに，心より感謝申し上げます。

このアサーション授業プログラムが，手に取っていただいた先生によって楽しく実践され，子どもたちの健やかな成長に役立つことを，心より願っています。

竹田伸也

【引用文献】

Helliwell, J.F, Layard, R., Sachs, J.D., Aknin, L.B., De Neve, J.E, & Wang, S.（Eds.）: World Happiness Report 2023（11th ed.）. Sustainable Development Solutions Network, 2023

Pew Research Center: World Publics Welcome Global Trade-But Not Immigration: 47-Nation Pew Global Attitudes Survey. Pew Research Center, 18, 2007.

もくじ

第１部

『ハッキリンで互いの気持ちをキャッチしよう』プログラム……って何？

プログラムの概要

このプログラムは，認知療法を援用したアサーション授業です。認知療法やアサーションの知識がなくても，パワーポイントを用いて誰でも簡単に授業を行うことができます。また，１回の授業で終了するので，授業を実施する教師にとって負担が少なく，年間授業計画を大きく変更しなくても実施することができます。また，子どもの動機づけを高めるように構造化されているので，子どもは楽しみながら授業を体験することができます。

１）プログラム名

このプログラムは，『ハッキリンで互いの気持ちをキャッチしよう』という名称です。

２）対象学年

このプログラムは，小学４年生から中学３年生までを対象としています。また，アサーションを理解するためのコンテンツとして，高校生を含め幅広い年代にご活用いただけます。

3）実施者

このプログラムは，学級担任または養護教諭が実施します。もちろん，それ以外の教員やスクールカウンセラーが実施することも可能です。子どもたちの成長を望む，学校で一番身近な大人である先生から届けられる言葉は，上手下手に関係なく，きっと子どもたちにしっかり届くと思います。

4）実施場所

このプログラムは，各教室においてクラス単位で実施します。保健室登校をしている児童や生徒を対象として，保健室で行うこともできます。

5）実施人数

人数に制限は設けていません。クラスの人数が多い大規模学校ではクラス単位で実施するようにしてください。クラスの人数が少ない小規模学校では，学年単位で実施することもできます。

6）実施時間

このプログラムは，45分～50分1回の授業で終了します。途中で，子どもたちが自分で考える場面（スライド：9，12，15，17，19，24，28，34，36），2人で話し合う場面（スライド：22，30），2人で体験する場面（スライド：38）があります。時間を十分にとって子どもたちに考えてもらい，話し合ってもらうことで，子どもたちの理解がより深まります。スライドは全部で41枚ありますが，１回の授業で終わるように構造化していますので，子どもたちが考えたり話し合ったりする時間をしっかりとってもらって大丈夫です。

時期は，いつ行っても構いません。シリーズ前作『クラスで使える！　ストレスマネジメント授業プログラム：心のメッセージを変えて気持ちの温度計を上げよう』（遠見書房刊）を実施した後に本プログラムを行うと，子どもたちの理解度はさらに高まります。その場合，前作と本プログラムを続けて行う必要はありません。

７）準備物

この授業を始めるために，以下の４点を準備してください。

（１）プログラムのパワーポイント®のデータ（遠見書房のホームページからダウンロードしてください：巻末参照）
（２）データをダウンロードしたパソコン
（３）プロジェクター
（４）教室掲示①～④（これは，授業では用いません。遠見書房のホームページからダウンロードしてください）

８）授業の進め方

授業は，35ページから紹介する説明書に従って進めてください。基本的には，パワーポイントで述べていることを読み上げるだけで簡単に授業を進めることができます。

授業の途中で，隣の人と話し合ったりロールプレイをしたりする場面があります。隣の人がいない児童や生徒は，前後の子どもと３人組になるか，サブ教員がペアになってください。

パワーポイントは，アニメーションを使用していますので，実施者は事前にパワーポイントを動かしてみて，説明書と対応させて予習を行った後に授業を行ってください。

９）授業後のフォロー

授業が終わった後は，遠見書房のホームページからダウンロードした「教室掲示①～④ .pdf」をカラー印刷して，教室に一定期間掲示してください。掲示期間は，先生の裁量で決めていただいて構いませんが，１カ月程度掲示していただくと，本プログラムでねらったことが，子どもたちに定着しやすくなるでしょう。

掲示物は全部で４種類あります。教室に掲示する余地が十分になければ,①から順に掲示できる番号の資料まで貼り出してください。プリントアウトして，子どもたちに配布するのでもかまいません。

プログラムのねらい

これから，このプログラムが狙っていることをいくつか述べてみたいと思います。このプログラムは，認知療法を援用したアサーション授業です。認知療法とは，心の健康を回復するための治療的アプローチですが，物事を柔軟に考える力を育む技法としても有効です。そして，このプログラムには，私たちの「こんな世の中になってほしい」という理想が，大切なエッセンスとして加えられています。その理想とは，「互いに言いたいことを言って互いに認め合う」という寛容な世界です。もちろん，このプログラムがそうした世界へと導く十分な力を持っているとは思いません。ですが，そうした世界に近づくために，誰もが備えてほしい力を育むという一点に開発者らの全力が込められています。そのために，本プログラムには次の５つのねらいがあります。

１）適切な自己表現は互いを大切にすることを理解する

私たちの自己主張の仕方には，「攻撃的表現」，「非主張的表現」，「アサーション」の３つのパターンがあります。

攻撃的表現は，「押しすぎ」の自己主張です。相手の気持ちは横に置いといて，自分の気持ちを押し通そうとします。攻撃的な言い方になるので，自分もイライラして，相手も嫌な気持ちになります。一方，非主張的表現は，「引きすぎ」の自己主張です。自分の気持ちを言えなかったり，曖昧な言葉で伝えたりします。本音が言えないため，相手への不満と自己嫌悪が生まれやすくなります。

私たちの主張の仕方が，攻撃的表現になったり非主張的表現になったりする一番の理由。それは，人と人との力関係をむやみに内面化してしまうことにあります。今の状況で目の前にいる相手と自分のどちらが上かを判断し，そこから導き出した力関係が主張の仕方をゆがめてしまうのです。この場合の力とは，腕力という物理的な力だけを指すわけではなく，社会的立場を含む広い意味での力だと思ってください。

相手との力関係において，自分の方が上だと判断すると，私たちの自己主張は攻撃的表現に陥りやすくなります。店員に対して乱暴な口調で文句を言う客は，その状況で「相手より自分が上」という力関係を内面化したために，そのような言い方ができるのです。しかし，「客だから」という立場は，店員の人権を軽くみて乱暴に言ってよい理由にはなりませんね。ネットで自分と価値観の異なる相手のことを匿名でののしる攻撃的表現も，「相手より自分が上」という力関係を内面化したせいで，そうなってしまうのではないでしょうか。ちなみに，匿名という手段は，発言者に力を与えてしまうかのような気にさせてしまいます。もちろん，その力は「錯覚」です。

反対に，相手よりも自分が下だと判断すると，空気を読んだり相手の顔色をうかがったりして，非主張的表現に陥りやすくなります。こうしたことは，一対一の関係で起こるばかりではありません。た

オッシー（攻撃的表現）

- らんぼうな伝え方（押しすぎ）
- 相手の気持ちを考えずに，自分の気持ちを押し通そうとする
- 自分もイライラ，相手も嫌な気持ちになる

ヒッキー（非主張的表現）

- あいまいな伝え方（引きすぎ）
- 自分の気持ちを言わなかったり，曖昧な言葉で伝えたりする
- 本音が言えずモヤモヤし，相手にも不満が募る

ハッキリン（アサーション）

- はっきりした伝え方
- 自分も相手も大切にしながら，言いたいことを伝える
- 言いたいことが伝わりやすく，周囲との関係も良好になる

とえば，職場の集まりや保護者の集まりなど，何らかの集団に向き合う時，その集団から悪く思われたくなくて，必要以上に気を遣ってしまう。こうしたことも，結局集団という対象を自分よりも上と判断して，非主張的表現で向き合っているのです。「相手の方が自分よりも上」という関係性をこちらが取り込んでしまうと，相手に対して忖度しやすくなります。そうして，「この人にはきっとこうしてはいけない」とか，「この人にはこうした方がよいに違いない」と一方的に判断して，自分がしたくもないことをする。そうしたことが重なると，「ほんとはこんなことしたくなかったのに，あいつのせいで割りを食った」とか「自分の気持ちをわかってくれず，一方的に嫌な目にあわされた」という恨みつらみが募ります。そうしたネガティブな感情は，どこかにはけ口を求めています。それがねっとりした陰口となって表れることもあれば，「自分よりも格下」

と思える相手への攻撃的表現として表れることもあります。

こんなふうに，人と人との力関係を内面化して，上下関係というものさしで相手に向き合うと，自己主張は歪んでしまうことになる。そんなこと，もうやめにしませんかというのが，このプログラムの大切なメッセージでもあります。そんなことを繰り返しても，誰も幸せにならない。では，ここから抜け出すにはどうすればよいのでしょうか。そのための力となるのが，「自他尊重の心」です。そして，自他尊重の心は，私たちに攻撃的でも非主張的でもない表現を届けてくれます。それが，「アサーション」です。アサーションは，自分も相手も大切にしながら，言いたいことを適切に伝えます。言いたいことが伝わりやすく，お互いを大切にするので周囲との関係も良好になります。「はっきり」の表現と言えます。自己主張は対立や混乱を生み出すと思い込んでいる人は，きっといるでしょう。しかし，自他尊重に基礎づけられた自己主張は，対立ではなく理解を生み出します。混乱ではなく，調和をもたらします。そうした自己主張が，アサーションです。自己主張は悪くない。むしろ，適切な自己主張は相互理解を後押しする。そうしたことへの理解を促すことが，このプログラムのねらいの１つです。

ちなみに，プログラムでは，攻撃的表現を「オッシー」，非主張的表現を「ヒッキー」，アサーションを「ハッキリン」というキャラクターに置きかえて紹介しています。キャラクターとして外在化することで，子どもたちは自己主張の特徴が理解しやすくなり，それらを身近に感じることができます。

2）心の状態によって自己主張が違ってくることを理解する

では，「自他尊重の心」とは，いったいどのような心をいうのでしょうか。「自己肯定・自己否定」と「他者肯定・他者否定」の軸をもとに考えてみましょう。この軸に基づいて考えると，対人関係における人の心の状態を４つに分類することができます。「わたしもあなたもイイ（自己肯定・他者肯定）」，「わたしはイイけどあなたはダメ（自己肯定・他者否定）」，「あなたはイイけどわたしはダメ（自己否定・他者肯定）」，「わたしもあなたもダメ（自己否定・他者否定）」の４つです。自他尊重の心とは，このうちの「わたしもあなたもイイ（自己肯定・他者肯定）」の状態です。

心の状態が，この４つのどの状態かによって，そのときの自己主張は違ってきます。「わたしはイイけどあなたはダメ（自己肯定・他者否定）」だと，攻撃的な表現になりやすくなる。「あなたはイイけどわたしはダメ（自己否定・他者肯定）」と「わたしもあなたもダメ（自己否定・他者否定）」の状態だと，非主張的表現になりやすい。「わたしはダメ」という自己否定的態度が，非主張的表現を促すのです。このプログラムで成長を後押ししたいアサーションは，「わたしもあなたもイイ（自己肯定・他者肯定）」の心の状態で生まれます。それが，「自他尊重の心に基礎づけられた表現」ということになるのです。

子どもたちには，３つの自己主張の特徴を理解したうえで，それぞれの自己主張がどの心の状態で起こりやすいかを考えてもらいます。そのような体験は，心の状態によって自己主張の仕方が違って

心の状態と自己主張の関係

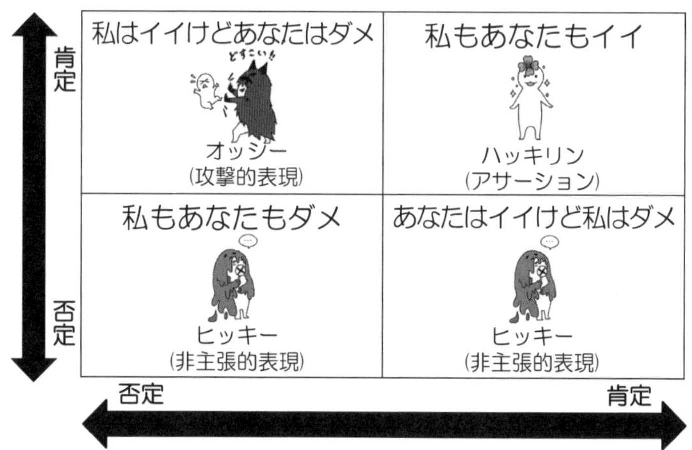

くることへの理解を促してくれます。

ところで，あなたは「引きすぎ（非主張的表現）タイプ」や「押しすぎ（攻撃的表現）タイプ」のように，人を自己主張のタイプ別に分けることができると思いますか？こんなふうに，自己主張のパターンを個人に特有なものとして理解してしまうと，「あの人は攻撃的な言い方をするから話し合いたくない」とか，「自分は曖昧にしか言えないからダメだ」のように，自分や他人を狭い世界に押し込めてしまうことになります。人に対するこのようなラベリングは対人関係を硬直させるだけでなく，自己主張についての理解から逸れてしまっています。心の状態によって自己主張が違ってくるということは，誰もが攻撃的表現や非主張的表現をしてしまうことを意味しています。なぜなら，心の状態は固定したものではなく変わり得るものだからです。それを子どもたちに理解してもらうことで，自分や他人にネガティブなラベリングをしたり，そうすることで人間関係が硬直したりするのを防ぐことも狙っています。

3）アサーションを阻む考えを弱める力を育てる

考えは，その後の気分や行動に影響を与えます。たとえば，メールの返事が返ってこない時，「私の送ったメールが気に障ったかも」と考えると，不安になりスマホを何度も確認するかもしれません。「すぐに返事をしないなんて失礼だ！」と考えると，腹が立ち「なんで返信しないんだ！」と怒りのメールを再送信するかもしれません。「手が離せない用事でもあるんだろう」と考えると，気分の波風は立たず別のことをしようとするでしょう。このように，その時何を考えたかによってその後の行動が違ってくる。ということは，私たちの自己主張もその時の考えに影響されることがうかがえます。「○○すべきだ」とか「強く言わないとナメられる」のように考えると，攻撃的表現が生じやすくなります。一方，「本音を言ったら嫌われる」，「こんなことを言うと相手は気を悪くする」のように考えると，非主張的表現が生じやすくなります。

そこで，授業プログラムでは，その時浮かんだ考えによって，オッシー（攻撃的表現）が出やすくなったりヒッキー（非主張的表現）が出やすくなったりすることを理解してもらいます。そのうえで，そうしたオッシーやヒッキーを促す考えから，ハッキリン（アサーション）を促す考えに変える機会が設けられています。ここで，子どもたちの考えを変える主体は，授業を行う先生ではありません。私たちは，他人から「こう考えてみたら」と説得されて考えを変えることはできません。考えを変えることができるのは，その考えを生み出した自分以外にいません。このプログラムは，認知療法を援用したアサーション授業だと述べました。ここでいよいよ認知療法を使うことになります。認知療法では，頭に浮かんだマイナス思考を現実的で柔軟な考えに変えるために，「自分への問いかけ（質問）」を用います。自問することによってネガティブな考えの妥当性や有用性を検討し，新たに現実的で柔軟な考えを生み出すことができるのです。

私たちは，児童や生徒がネガティブな考えから現実的で柔軟な考えに修正しやすい問いかけとして，「友だちが自分と同じように考えていたら何と言ってあげるか？」という質問が有効であることを見出しました（図１）。ちなみに，この質問は大人がマイナス思考につかまった時にも有効なので，あなたがネガティブに考えてしまった時，この質問を自分に投げかけてみてください。そうすると，マイナス思考とは異なる，現実的で柔軟な考えが浮かびやすくなります。この問いかけ以外に，プログラムでは「憧れの人だと，浮かんだマイナス思考に対してどのような声かけをするだろう」という質問も用意されています。この問いも，認知療法でよく用います。私たちは，自分のことになると距離を置いて冷静にマイナス思考をふり返ることが難しいですが，自分の憧れの人だと「きっとこう考えるだろう」と現実的で柔軟な考えが浮かびやすくなります。オッシーやヒッキーが出やすくなるような考えが浮かんでいる時，これらの質問を通して自問することによって，子どもたちはアサーションを後押しする考えを見つけることができます。そうすると，アサ

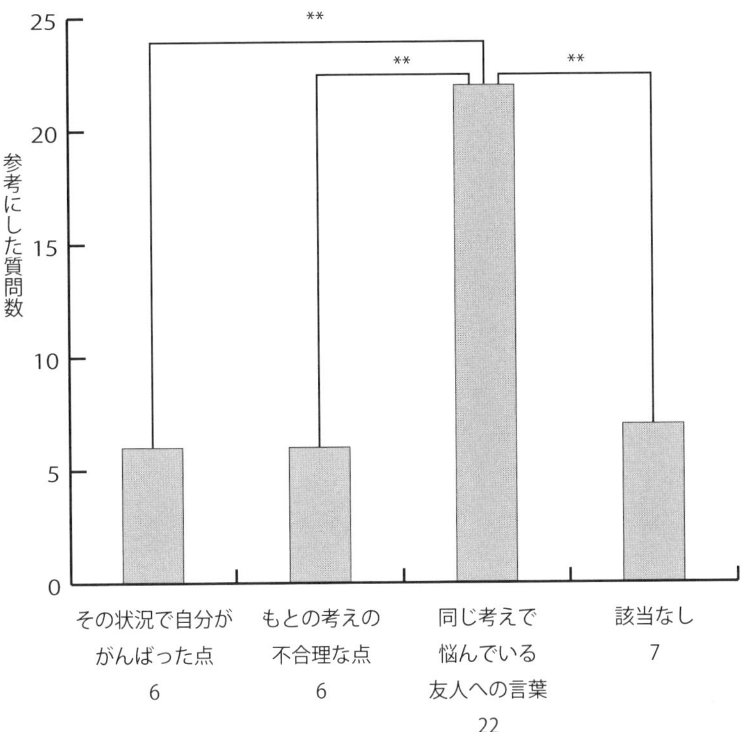

図１　子どもが柔軟な考えを作る際に参考にした質問
（** $p < .01$；井田ら，2012）

ーションを行う心の環境は整います。

４）アサーティブな表現を習得する

アサーション授業プログラムですから，もちろんアサーションの習得はねらいの重要な一角を占めます。アサーションを構成するスキルはたくさんあります。けれども，それらすべてをおさえようとすると大変ですし，短い授業時間の中で取り扱えません。それに，新しいスキルを身につけようとするときは，「これならできそう！」

とその人が思えなければなりません。たくさんのスキルから構成される複雑な目標を見て，「これならできそう！」とはとても思えませんね。そこで，プログラムではアサーションを構成するスキルとして，できるだけ必要最小限のスキルを厳選しました。プログラムでは，自分の気持ちを伝えることだけでなく，相手の気持ちを聞くことも大切にしたいので，双方を助けてくれるスキルとして次の４つを身につけてもらいます。

①自分の気持ちは「わたし」を主語に

言いたいことが相手にうまく伝わらないのは，何が言いたいのかはっきりしていないからということがあります。こちらは言いたいことを言っているつもりでも，表現が曖昧なため相手に伝わらないことは意外と多いのです。「わたし」を主語にすると，こちらが相手に伝えたいことが明確になります。

「わたし」を主語にすることには，もう１つこんなメリットもあります。それは，伝え方が優しくなるということです。私たちが相手に何かを伝えるとき，「あなた」を主語にして伝えることがあります。しかし，「あなた」を主語にすると，言い方がきつくなってしまうことが多いのです。たとえば，恋人からのメールの返事が遅いことを寂しく思っている人が，自分の気持ちを相手に伝える場合で考えてみましょう。「あなた」を主語にすると，こんな感じになります。「あなたはメールの返事がいつも遅い！」どうですか？　責められている感じがしませんか？　「わたし」を主語にすると，こうなります。「わたし，あなたからのメールの返事が遅いのが寂しいんだ」どうです？　「あなた」を主語にするのと比べて，言い方が優しくなっているのがわかりますね。

こんなふうに「わたし」を主語にすることで，相手に伝えたいことがはっきりするとともに，伝え方もマイルドになります。そうすると，相手はこちらの言葉を受け取りやすくなるのです。

②相手の気持ちも聞いてあげよう

アサーションは伝え方に注目が集まりやすいので，どのように伝えるかということが一般的には強調されやすいようです。ですが，コミュニケーションは相互作用の営みなので，こちらから一方的に気持ちを伝えることを強調するのは十分ではありませんし，それでは自他尊重の心は育まれません。「互いに言いたいことを言って互いに認め合う」という寛容な世界は，自分の気持ちをしっかりと伝え，相手の気持ちをしっかりと聞くことによって生まれるのです。

③「どうして」はあとまわしにしよう

相手の気持ちを聞くときによく使うフレーズに，「どうして」があります。この言葉を最初にもってくると尋問調となるので，相手は責められているように感じてしまいます。

たとえば，「どうしてお友だちとケンカしたの？」とか「どうして学校に通えないのですか？」と尋ねると，なんだか責められているような気持ちになりませんか。特に，尋ねる内容が相手にとって負い目を感じていることだと，なおさらそうした気持ちになります。

このフレーズを使いたいときは，「お友だちとケンカしたのはどうして？」とか「学校に通えないのはどうしてですか？」のように，質問の最後に入れるようにします。すると，表現が柔らかくなるので，相手は自分の気持ちを伝えやすくなります。

④気持ちを伝えて聞いて「ありがとう」

「ありがとう」と言われて嫌な気持ちがする人は，おそらくいないのではないでしょうか。それは，この言葉には相手に対する感謝の気持ちが込められているからです。自分の気持ちを相手に伝えたとき，「時間をとって聞く」という一点において聞き手は話し手に関心を向けています。そのことへの感謝の気持ちを，「ありがとう」の言葉に託すのです。一方，あまり注目されることはありませんが，自分の気持ちを話すというのは，実は勇気のいることです。それがわかると，勇気をふるって伝えてくれた相手に感謝の言葉を伝えることもできますね。気持ちを伝える・気持ちを聞くというコミュニケーションは，双方に謝意を表してよいやりとりなのです。それこそ，自他尊重の心に基づく営みです。

5）自他尊重の心を育む

このプログラムがもっとも強く狙っていることは，子どもたちに自他尊重の心を育むことです。プログラムでは，自己主張を通して自他尊重の大切さが理解できるように工夫されています。ロールプレイで体験したり，自分で考えてみたりすることで，自分を大切にすることと相手を大切にすることの両立を図ろうとしているのです。

多様性を認める寛容な社会と，多様性を認めない不寛容な社会では，どちらが人々にとって暮らしやすいかは明白です。ところが，ある心理学的研究によると，自分と異なる人を差別する心性を，人は乳児期から持っているといいます（Wynn, 2016）。だとすれば，自分と異なるという理由で他者を排除するのではなく，お互いの個別性を尊重しながら共存するには，子どもの頃から多様性を認め自他尊重の心を育むための教育が不可欠だということになります。私たちは「自分と異なる人と居心地の悪い共生をするくらいなら，似た者同士で楽しくやった方がいい」とつい考えがちです。ですが，そのような暮らし方は，「意思疎通が難しい人間は排除する」という暗黙のルールと隣り合わせによって成り立ちます。これからの時代に必要なのは，自分と価値観が異なる人たちと，互いに尊重しあってコミュニケーションする力です。多様性を尊重しようとするその力こそ，この先どのような社会が待ち受けていようと，お互いに理解し助け合いながら生きていくために必要な寛容と相互扶助の基礎となるのです。

ところで，多様性とは，考えや行動のように自らの意思の影響下にあるもの（自分でコントロールできるもの）と，障害や生い立ちなど自らの意思の影響下にないもの（自分でコントロールできないもの）から構成されます。この事実は，誰もが自分にしかわからない事情を抱えながら生きていることを物語っています。そして，私たちのさまざまな言動は，自分の抱えている事情から生まれているのです。たとえば，授業中居眠りが多い子どもは，実は事情があって家族の誰かを世話しているために睡眠時間が少ないという事情か

ら生じているかもしれません。そうした事情がわかると，頭ごなしに「居眠りをするな」と叱る気持ちになれませんね。

あなたにも経験がないでしょうか。他人から，「あなたって，●●だよね」と否定的なことを言われて腹が立ったという経験が。このとき，腹が立って当たり前なのです。だって，「あなたに私の何がわかって，そんなこと言えるんだよ」と思うからです。事情も知らないのに，否定的に評価しないでほしいというのは，自然な気持ちです。

私たちは，相手の行動や態度が気に障ると，ついそれを自分のフィルターで見てしまい，相手を否定的に評価してしまいがちです。そうしたとき，「その行動や態度の裏には，何か事情があるかも」と思いを馳せることで，相手を頭ごなしに評価しようとする態度と距離を置くことができます。それだけではなく，相手への思いやりの気持ちすらわき起こるかもしれません。そのような人間理解は，他人にだけ向けられるのではなく，自分にも向けられるものです。「気に入らないから」という理由で相手を糾弾するのはやめにしませんか。気に入らないと思った相手の言動は，相手にしかわからない事情から生まれているのです。自分に劣等感の刃を向けて，自分で自分を傷つけるなんてことも，もうやめにしませんか。あなたは，あなたにしかわからない事情を抱えて，今を精いっぱい生きているのです。そんな思いやりの心を，自分や他人に自然と向けることができるようになると，自他尊重の心はその人のペースで無理せず育まれると思うのです。このプログラムは，そんなことを強く願って開発されました。

【引用文献】
井田美沙子・太田真貴・松尾理沙・大塚美菜子・竹田伸也：小学生に対するストレスマネジメントプログラムの検討（2）．日本認知療法学会 第 12 回大会発表論文集，2012.
Wynn K. Origins of Value Conflict: Babies Do Not Agree to Disagree. Trends Cogn Sci, 20(1), 3-5, 2016.

第2部

『ハッキリンで互いの気持ちをキャッチしよう』
プログラム
説明書

説明書諸注意

始めるまえに先生にお伝えしたいこと

これから，アサーション授業プログラムの進め方を説明します。スライドは全部で41枚あり，各スライドに応じてシナリオが用意されています。さて，ここでこんなふうに思わないでしょうか。「そんなにたくさん覚えられないよ」と。安心してください。開発者である私たちも，シナリオをすべて覚えていませんから。

これから先の説明書に書かれているシナリオは，パワーポイントに記されていることとまったく同じです。シナリオに記されている流れを覚えなくても，パワーポイントの中のプログラムがあなたを始めから終わりまで優しく導いてくれます。ですから，シナリオを覚える必要はありません。ましてや，シナリオ通りの言葉が口から出てこなくても大丈夫です。全体の流れを事前に軽く予習して，パワーポイントから紡ぎ出される展開に導かれるままに授業を進めてください。

ただし，各スライドがどのような意味を持っているかを理解していると，この授業に込めるあなたのチカラはさらに大きくなると思います。パワーポイントを動かしてみて，各スライドとそのスライドの解説を対応させてご覧ください。「このスライドには，こんなねらいがあるんだ」とか「このスライドは，あの話の伏線になってるんだ」ということがわかって，授業がより楽しく進められるでしょう。

授業の中では，子どもたちがふたりで話し合う場面がいくつかあります。そうした場面で，話し合いをしない子どももいると思います。促しても話し合わない子どもには，無理強いしないようにしてください。その代わり，「頭の中で，自分と話し合ってくれているんだね」と承認してあげてください。そして，話し合いが終わって子どもたちの発表を引き出した後に，「２人で話し合っている人もいれば，グループで話し合っている人，頭のなかで自分と話し合っている人もいましたね。みんな，自分なりに参加してくれてありがとう」というメッセージを届けてください。「みんなは自分なりに授業に参加している」というメッセージを先生が届けてあげることで，子どもたちはみな「一緒に学ぶ場」を共有することになります。それによって，授業に関わろうとする子どもたちの意欲を無理なく後押しすることができるのです。そして，そのような先生の態度が，多様性を認め自他尊重の心でいるというモデルを子どもたちに示すことになります。

このプログラムは，自他尊重の心に基づくコミュニケーション力を子どもたちに育むきっかけにすぎません。このプログラムが終わると，あなたの頭の中に「こんなことをしてみると，アサーションの力はもっと深まるかも」とか「こんな体験を子どもたちにしてもらうと，自他尊重の心がますます成長するかも」というアイデアが浮かんでくるかもしれません。どうかその時は，あなたの頭の中に

浮かんだアイデアを，子どもたちへの授業や関わりを通して実践してみてください。

今回の授業だけではなく，この先に広がる子どもたちの自他尊重のアサーションを，先生にも一緒に楽しみながら広げていただく。それが，プログラムを実施するまえに，あなたに伝えておきたい諸注意です。

スライド１枚目

【シナリオ】

「今日は，お互いの気持ちをうまくキャッチする時に，心強い味方になってくれる『ハッキリン』を紹介します」と，授業の目的を簡単に説明します。

【解説】

タイトルページです。細かい説明はしなくてかまいません。タイトルについて質問があがっても，「それはあとのお楽しみ」などと返し，詳しく説明しないようにします。

スライド１枚目

ハッキリンで
互いの気持ちを
キャッチしよう

制作：三人の心理学者

竹田伸也　松尾理沙　大塚美菜子

スライド２枚目

【シナリオ】

「みんなは，こんなことないですか」と伝え，登場している２人の子どもの吹き出しを読み上げてください。クリックして，「こんな時にお互いの……」を読み上げます。

【解説】

このスライドによって，子どもたちは「自分の気持ちをうまく伝えられない時にどうすればいいかがわかる授業なのかなぁ」という構えができます。これから学ぶことの構えができると，それに沿って集中力を維持したり，モチベーションを高めたりすることができます。

スライド２枚目

こんなことない？

●●さんにかしているマンガを，長い時間がたっているのにまだ返してくれない。
私ももう一度読みたいから返してほしいんだけど，何て声かければいいんだろう？

困ったことがあったから，近くにいた人に「手伝って」って声をかけたけど手伝ってもらえなかった。
モヤモヤした気持ちを伝えたいけど，どうやって伝えたらいいんだろう？

こんなときにお互いの気持ちをうまくキャッチできるようになる話をします！

スライド３枚目

【シナリオ】

画面に書かれている「今日のお話の登場キャラは，次の３つです」を読み上げ，クリックして３つのキャラクターを登場させます。一つひとつを読み上げて紹介し，クリックして出てきたメッセージ（３つのキャラを……）を読み上げます。

【解説】

ここに登場する３体のキャラクターが，自己表現の３つのスタイルになります。

オッシーは，「攻撃的表現」を表しています。ヒッキーは，「非主張的表現」を表しています。このどちらかの表現を多用すると，人間関係が悪くなったり，ストレスを余計に抱えたりすることになります。ハッキリンは，「アサーション」を表しています。

スライド3枚目

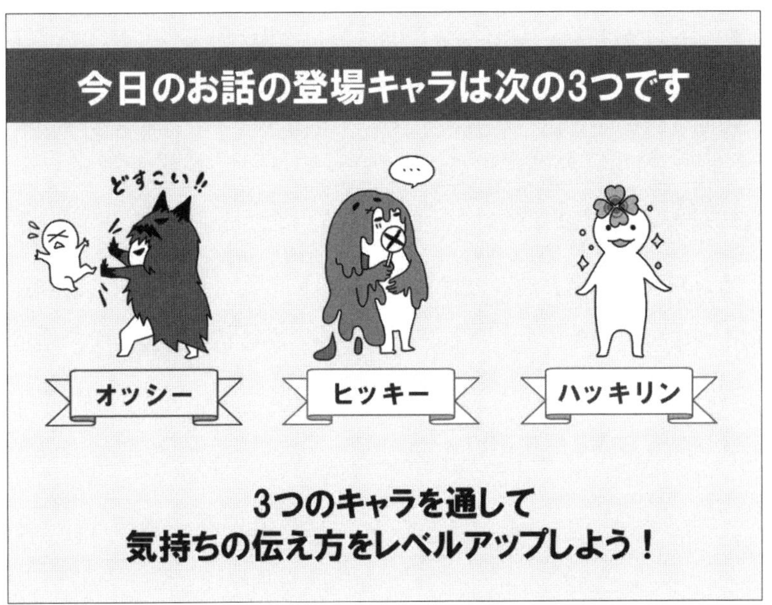
今日のお話の登場キャラは次の3つです
どすこい!!
オッシー
ヒッキー
ハッキリン
3つのキャラを通して
気持ちの伝え方をレベルアップしよう！

スライド４枚目

【シナリオ】

画面女性の吹き出しを読み上げて，次のスライドに進みます。

【解説】

私たちは，自己と他者の肯定と否定という軸に基づき，心の状態を４つに分類できます。そして，その時の心の状態によって，自己表現のスタイルが違ってきます。このスライドで，まず心の状態に注目してもらうことを狙います。

スライド４枚目

わたしたちの心には，
4つの状態があります。

スライド５枚目

【シナリオ】

「自分のことって,『私はイイ』って思うこともあれば,『私はダメ』って思うこともあるよね。それと同じで，相手のことを，『あなたはイイ』って思うこともあれば，『あなたはダメ』って思うこともあるよね」と伝え，自分と他人に対する基本的な捉え方を紹介します。

「この４つの組み合わせで，心の状態を４つに分けることができるんです。まず，この『心の状態１』は，こんな感じです（クリック）私もあなたもイイ。じゃあ，『心の状態２』はどんな状態でしょう？（と言って，子どもたちの反応を引き出して，クリック）私はイイけどあなたはダメ，になるよね。では,『心の状態３』は？（と言って，子どもたちの反応を引き出して，クリック）あなたはイイけど, 私はダメ, になるね。最後の『心の状態４』はどうだろう？（と言って，子どもたちの反応を引き出して，クリック）私もあなたもダメになるね。

【解説】

「私」と「あなた」に対する態度をもとに，心の状態を４つに分類することができます。「私」に対する態度（イイ・ダメ）と「あなた」に対する態度（イイ・ダメ）の組合せによって，４つの心の状態が生まれることに，子どもたちに気づいてもらいます。

この４つの心の状態によって，自己表現の仕方に違いが生じます。自他尊重の自己表現法を身につけるというこの授業の狙いを達成するために，この４つの心の状態を理解することが基本となります。

スライド５枚目

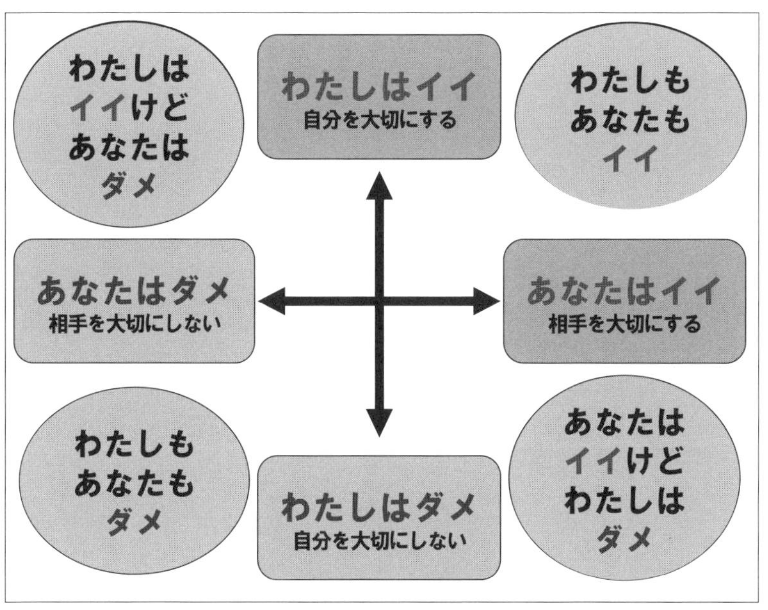

スライド５枚目　☆

スライド６枚目

【シナリオ】

吹き出し（気持ちの伝え方は，３つあります。）を読み上げてクリック。次の吹き出しを読み上げます。

【解説】

気持ちの伝え方には３タイプがあること，心の状態によって伝え方が異なることを理解してもらいます。

スライド６枚目

気持ちの伝え方は
3つあります。

そのときの
心の状態によって
伝え方が変わります。

スライド７枚目

【シナリオ】

「まず，１つ目の伝え方は，『オッシー』です」と言ってクリック。オッシーの説明を読み上げます。

クリックすると，オッシーの例が出てくるので，それを読み上げます。この時，攻撃的な口調で例の吹き出し（あなたにかしてる……）を読み上げてください。

【解説】

攻撃的な表現を「オッシー」というキャラクターにしています。このスライドによって，子どもたちは攻撃的表現の概要が理解できます。

スライド７枚目

自分の気持ちの伝え方　オッシー

- **らんぼうな伝え方（おしすぎ）**
- **相手の気持ちを考えずに，自分の気持ちだけを押し通そうとする。**

友だちにかしているマンガがなかなか返ってこない時

スライド8枚目

【シナリオ】

「オッシーには，こんな短所があります」と言って，オッシーによる3つのデメリットを読み上げます。

【解説】

オッシー（攻撃的表現）を用いることで，どのようなデメリットが生じるかを理解してもらいます。

オッシーは，結果的に自分も相手も辛くすることを，このスライドによって子どもたちは理解します。時間に余裕があれば，これ以外のオッシーのデメリットを子どもたちに考えてもらってもいいですね。

スライド８枚目

自分の気持ちの伝え方　オッシー

- らんぼうな伝え方（おしすぎ）
- 相手の気持ちを考えずに，自分の気持ちだけを押し通そうとする。

オッシーの短所

- まわりの人との関係がギクシャクする
- 気持ちがイライラしやすくなる
- 相手を傷つけてしまう

スライド９枚目

【シナリオ】

吹き出し（オッシーは，……）を読み上げ，クリックします。オッシーはどの心の状態で現れやすいか，子どもたちに考えてもらいます。答えを引き出したらクリックして正解を読み上げます。子どもたちの反応が少なければ，４つの心の状態を一つずつ挙げて，子どもたちに挙手をして答えてもらっても構いません。

【解説】

オッシーがどの心の状態で表れやすいかを子どもたちに考えさせることで，「私はイイけどあなたはダメ」の心の状態で攻撃的表現に陥りやすいことを理解してもらいます。

人は誰もが大切にされる権利を持っています。しかし，「大切にする」という視点を自分だけに向けてしまい，相手も同様に大切にされる権利があることに目を向けられないと，攻撃的な表現になりやすいのです。

スライド９枚目

わたしは
イイけど
あなたは
ダメ
わたしはイイ
自分を大切にする
わたしも
あなたも
イイ
どすこい!!
オッシーは、
あなたはイイ
相手を大切にする
あなたは
イイけど
わたしは
ダメ
わたしも
あなたも
ダメ
わたしはダメ
自分を大切にしない

スライド 10 枚目

【シナリオ】

「2つ目の伝え方は，『ヒッキー』です」と言ってクリック。ヒッキーの説明を読み上げます。

クリックすると，ヒッキーの例（あの。えーと……）が出てくるので，それを読み上げます。この時，少しオドオドした口調で読み上げてください。

【解説】

非主張的な表現を「ヒッキー」というキャラクターにしています。このスライドによって，子どもたちは非主張的表現の概要が理解できます。

スライド 10 枚目

自分の気持ちの伝え方　ヒッキー

- ◆ **あいまいな伝え方（ひきすぎ）**
- ◆ **自分の気持ちを言わなかったり，あいまいな言葉で伝えたりする。**

友だちにかしているマンガがなかなか返ってこないとき

あの。えーと…
かしてるマンガ
おもしろい？

スライド11枚目

【シナリオ】

「ヒッキーには，こんな短所があります」と言って，ヒッキーによる３つのデメリットを読み上げます。

【解説】

ヒッキー（非主張的表現）を用いることで，どのようなデメリットが生じるかを理解してもらいます。

ヒッキーは，結果的に自分が辛くなることを，このスライドによって子どもたちは理解します。時間に余裕があれば，これ以外のヒッキーのデメリットを子どもたちに考えてもらってもいいですね。

スライド 11 枚目

自分の気持ちの伝え方　ヒッキー

◆ あいまいな伝え方（ひきすぎ）

◆ 自の気持ちを言わなかったり，あいまいな言葉で伝えたりする。

ヒッキーの短所

◆ 相手に自分の気持ちをわかってもらえない
◆ 本音が言えないのでモヤモヤする
◆ 自信がもてなくなってしまう

スライド 12 枚目

【シナリオ】

吹き出し（ヒッキーは，……）を読み上げ，クリックします。ヒッキーはどの心の状態で現れやすいか，子どもたちに考えてもらいます。答えを引き出したらクリックして正解を読み上げます。子どもたちの反応が少なければ，心の状態を一つひとつ挙げて，子どもたちに挙手をして答えてもらっても構いません。

【解説】

ヒッキーがどの心の状態で表れやすいかを子どもたちに考えさせることで,「私はダメ」の心の状態で非主張的表現に陥りやすいことを理解してもらいます。

「自分の気持ちや欲求を表現する時は，控えめにするべきだ」と思っている人がいます。権力を持った人に対して，控えめにしてできるだけ主張しない方がよいという態度をとる人がいます。このように考えていると，非主張的表現になりやすくなると同時に，自分が上の立場に立つと攻撃的表現になって相手に従順さを求めるという悪循環に陥ることもあります。

スライド 12 枚目

わたしは
イイけど
あなたは
ダメ
わたしはイイ
自分を大切にする
…
わたしも
あなたも
イイ
あなたはイイ
大切にする
わたしも
あなたも
ダメ
わたしはダメ
自分を大切にしない
わたしは
ダメ

スライド 13 枚目

【シナリオ】

吹き出し（オッシーと……）を読み上げ，クリック。吹き出し（マイナスな考えが……）を読み上げます。

【解説】

オッシーやヒッキーは，誰もが持っていることを理解することは重要です。特に，非主張的表現を使いやすいと自覚している子どもは，それによって自己評価を下げてしまうことがあります。そうした表現は誰もがするのだと理解すると，不必要に「自分はダメだ」と思わずにすみます。一方，攻撃的表現も「あの人は言い方が強い」のように，特定の人の特徴として理解されることがあります。そのようなラベリングは，お互いのコミュニケーションを難しくします。また，攻撃的表現は自分もそれを使うことがあるのだと理解することで，「では自分は，他人に対してどのようなコミュニケーションを取りたいか」と自分の課題としてコミュニケーションについて考える機会を得ることができます。オッシーやヒッキーは誰もが持っていると理解することによって，子どもたちは自分のコミュニケーションをどのように成長させたいかを考えることになるのです。

また，このスライドでは，ネガティブに考えることによって，オッシーやヒッキーが出やすくなることを伝えます。これは，このあとに続くアサーションを阻む考えに気づき，それを変えるための導入です。

スライド 13 枚目

スライド 13 枚目　☆

スライド14枚目

【シナリオ】

「Aさんは，近くにいたBさんを……」を読み上げてクリック。

それぞれの吹き出しの考えを読み上げ，「と考えると，『人が困っていたら……』のようにオッシーが現れますね」と読み上げます。

【解説】

身近なエピソードを通して，スライドで示したような考えが浮かぶと，オッシーが現れやすくなることを理解してもらいます。いずれの考えも，怒り感情を生み出す考えです。つまり，私たちは怒り感情に支配されている時に，攻撃的表現を用いやすくなるのです。

スライド 14 枚目

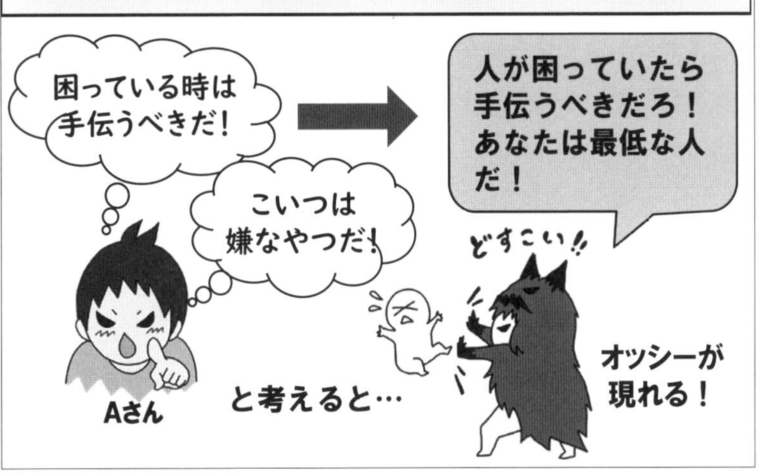

Aさんは，近くにいたBさんに「手伝って」と伝えました。
でも，Bさんは手伝ってくれず，ほかの人が手伝ってくれました。
放課後，Bさんに会って自分の気持ちを伝えたいと思ったAさんは…
困っている時は
手伝うべきだ！
こいつは
嫌なやつだ！
Aさん
と考えると…
人が困っていたら
手伝うべきだろ！
あなたは最低な人
だ！
どすこい!!
オッシーが
現れる！

スライド 15 枚目

【シナリオ】

女性吹き出し（こんな風に……）を読み上げ，オッシーによってBさんがどんな気持ちになるかを考えてもらいます。子どもたちから答えを引き出したらクリックして,「オッシーで伝えると……（緑の囲み)」を読み上げます。

【解説】

オッシー（攻撃的表現）で相手に伝えると，相手はどんな気持ちになるかを子どもたちに考えてもらいます。そのうえで，攻撃的表現は相手を大切にすることができないということを理解してもらいます。

スライド 15 枚目

こんな風に言われて，
Bさんはどんな気持ちに
なると思いますか？
人が困っていたら
手伝うべきだろ！
あなたは最低な人
だ！
オッシーで伝えると，
相手を大切にする
ことができません。
どすこい!!
オッシー

スライド16枚目

【シナリオ】

「さっきと同じ場面です。『Aさんは，近くにいたBさんを…』」と読み上げてクリック。

それぞれの吹き出しの考えを読み上げ，「と考えると，『あの，今日……』のようにヒッキーが現れますね」と読み上げます。

【解説】

14枚目と同じエピソードを通して，スライドで示したような考えが浮かぶと，ヒッキーが現れやすくなることを理解してもらいます。いずれの考えも，他人から悪く思われることを心配したり，自己否定的な考えにとらわれています。このように，他人から悪く評価されることへの懸念や，自己否定的な考えに支配されると，私たちは非主張的表現に陥りやすくなります。

スライド16枚目

Aさんは，近くにいたBさんに「手伝って」と伝えました。
でも，Bさんは手伝ってくれず，ほかの人が手伝ってくれました。
放課後，Bさんに会って自分の気持ちを伝えたいと思ったAさんは…

今日のことを
言いたいけど
嫌われたら
どうしよう

私が何か
悪いことした
のかも…

あの，今日…。
なんでもない。

…

Aさん

と考えると・・・

ヒッキーが
現れる！

スライド17枚目

【シナリオ】

女性吹き出し（言いたいことが……）を読み上げ，ヒッキーによってAさんがどんな気持ちになるかを考えてもらいます。子どもたちから答えを引き出したらクリックして，「ヒッキーで伝えると……（緑の囲み）」を読み上げます。

【解説】

ヒッキー（非主張的表現）で相手に伝えることで，自分がどんな気持ちになるかを子どもたちに考えてもらいます。そのうえで，非主張的表現は自分を大切にすることができないということを理解してもらいます。

スライド 17 枚目

言いたいことが言えずに，
Aさんはどんな気持ちに
なると思いますか？
あの，今日…。
なんでもない。
…
ヒッキーで伝えると，
自分を大切にする
ことができません。
ヒッキー

スライド 18 枚目

【シナリオ】

「気持ちよく生きるための大切なルール（スライドタイトル）があります」と言って，『大切にする……（メモ囲み）』を読み上げます。

【解説】

アサーションにとって大切な原則の１つです。「自分も相手も大切にし，自分も相手も大切にされる」というのは，人としての当然の権利であるだけでなく，自分と異なる人と共存していくための「多様性を許容する力」を育むために，とても重要なことです。

ここで特徴的なメッセージは，自分と相手が「大切にされる」という受動態による表現です。一般的に，「自分を大切にしましょう」「相手を大切にしましょう」という能動態でのメッセージは，頻繁に届けられます。自他尊重の心とは，そうした能動態による「自他を大切にする」という状態を示すばかりではなく，受動態による「自他は大切にされる」という状態も含まれます。そうした双方向的な営みこそ，自他尊重の心なのです。

スライド 18 枚目

気持ちよく生きるための大切なルール

- 大切にするのは「自分」と「相手」
  大切にされるのも「自分」と「相手」

スライド19枚目

【シナリオ】

「先ほどの場面で，Aさんはこのように考えていましたね」と伝え，女性の吹き出し「こう思っているAさんに……」と「あこがれの人……」を読み上げる。

子どもたちが自分で考える時間を数分取ります。

【解説】

ここでは，オッシーやヒッキーを生み出すマイナス思考を変える方法について，演習を通して学びます。児童や生徒が，自分の頭に浮かんだマイナス思考を現実的で柔軟な考えに変える時に役立つ質問は，「友だちが自分と同じように考えていたら，なんと言ってあげるか」という問いです。自分のマイナス思考を他人事にすることで，マイナス思考と距離を置き，客観的に考え直すことができます。

「憧れの人だと，浮かんだマイナス思考に対してどのような声かけをするだろう」という問いかけは，認知療法でよく用いられます。私たちは，自分のことになると距離を置いて冷静にマイナス思考をふり返ることが難しいですが，自分の憧れの人だと「きっとこう考えるだろう」と現実的で柔軟な考えが浮かびやすくなります。その原理を応用しています。

スライド 19 枚目

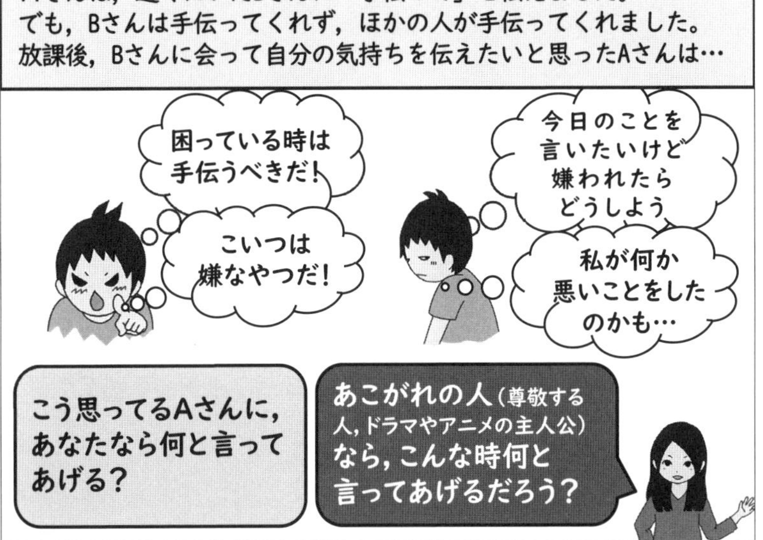
Aさんは，近くにいたBさんに「手伝って」と伝えました。
でも，Bさんは手伝ってくれず，ほかの人が手伝ってくれました。
放課後，Bさんに会って自分の気持ちを伝えたいと思ったAさんは…
困っている時は手伝うべきだ！
こいつは嫌なやつだ！
今日のことを言いたいけど嫌われたらどうしよう
私が何か悪いことをしたのかも…
こう思ってるAさんに，あなたなら何と言ってあげる？
あこがれの人（尊敬する人，ドラマやアニメの主人公）なら，こんな時何と言ってあげるだろう？

スライド 20 枚目

【シナリオ】

「難しい人は次の２つから……」を読み上げて，それぞれの考えに対して，かけてあげる２つの言葉を読みあげます。

【解説】

19 枚目の上の２つの考えに対する声かけのヒントです。それぞれの考えに対して，Ａさんにどのように声をかければよいかわからない子どももいます。このスライドで具体的な選択肢を提示することで，「あ，そんなふうに考えたらいいんだ」と，かけてあげればよい言葉の質を理解することができます。また，このスライドに示しているヒントを通して，子どもたちは現実的で柔軟な考えがどのようなものであるかについて，理解することができます。

スライド 20 枚目

難しい人は次の2つからAさんにかけてあげたい言葉はどれか考えてみよう！

- □「友達が困っているときは手伝ってあげるべきだよね。はっきりと注意した方がいいよ」
- □「Aさんは手伝ってほしかったんだね。けれど，Bさんも何か手伝えない理由があったかもしれないよ」

今日のことを言いたいけど嫌われたらどうしよう

- □「そうだよね。嫌われたらどうしようと思うと心配だよね。でも，Aさんは手伝ってもらえなくてどう思ったのかは伝えてもいいと思うよ」
- □「きっと，言ったら嫌われるよ。それに，言ったら『うるさいッ』って怒り出すかもしれないし」

スライド21枚目

【シナリオ】

「次の２つの考えについては，どちらの声かけをＡさんにかけてあげたいかな？」と伝え，それぞれの考えに対応する２つの声かけを読み上げます。

【解説】

19枚目の下の２つの考えに対する声かけのヒントです。20枚目と合わせて，このヒントによって子どもたちは，マイナス思考とは異なる，現実的で柔軟な考えの例を理解することができます。

スライド 21 枚目

難しい人は次の2つからAさんにかけてあげたい言葉はどれか考えてみよう！

- □「Bさんも，もしかしたら急ぎの“困ったこと”があったかもしれないよ」
- □「困っている時に手伝えないヤツは，友達なんかじゃないよ！ 絶交だ」

- □「きっとそうだよ。AさんはBさんに何か悪いことしたんだよ！」
- □「気になるなら，Aさんの気持ちを伝えた上で，何かあったか聞いてみてもいいんじゃない？」

私が何か悪いことしたのかも…

スライド 22 枚目

【シナリオ】

「さぁ，どんなアイデアが出てきたかな？　お隣さんの意見も聞いてみよう」と読み上げ，考えたアイデアをペアで話し合ってもらいます。

何人かの子どもに，考えたアイデアを発表してもらうとよいでしょう。

【解説】

他人のアイデアを知ることで，人の考え方はさまざまであることを理解します。それによって，「自分の考えだけが正しいというわけではないんだ」ということを，子どもたちは気づくことができます。

話し合わない子どもには，軽く促してもよいでしょう。促しても話し合わない子どもには，無理強いしないようにしてください。その代わり，「頭の中で，自分と話し合ってくれているんだね」と承認してあげてください。そして，話し合いが終わって子どもたちの発表を引き出した後に，「ふたりで話し合っている人もいれば，グループで話し合っている人，頭のなかで自分と話し合っている人もいましたね。みんな，自分なりに参加してくれてありがとう」とい

うメッセージを届けてください。そうした先生の態度は，授業に向かう子どもたちの動機づけを高めるとともに，多様性を認めるための良いモデルとなります。

子どもから「手伝わないのはよくないよ！」とか「先にＢさんが謝るべきだ」のような考えが挙がることがあります。どのような意見が挙がっても，決して否定しないでください。そして，子どもたちから多様な意見を引き出し，人の考えはさまざまであること，いろんな考えがあって良いことを伝えてください。

スライド 22 枚目

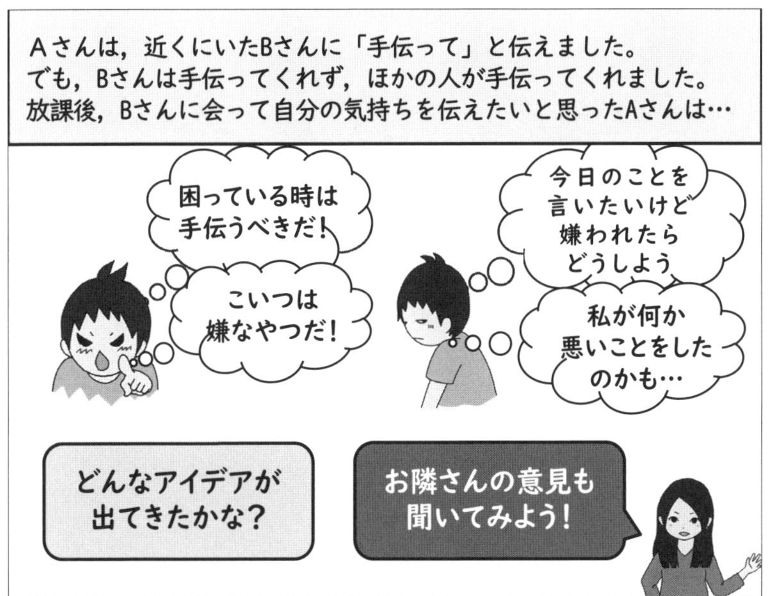

スライド 22 枚目　☆

スライド23枚目

【シナリオ】

オレンジの囲みの３つの文章を，ゆっくりと読み上げます。

そして，クリックして「マイナスな考えを小さくするヒントがあるよ」と言い，青の囲みを読み上げます。

【解説】

オッシー（攻撃的表現）やヒッキー（非主張的表現）は，マイナス思考によって起こりやすくなります。そのことを改めて伝えて，そうした表現が出てきそうになった時に，心の中をふり返るのを促すことを狙っています。

児童や生徒が，ネガティブな考えを柔軟な考えに変える時に有効な問いかけは，「友だち（親しい人）が自分のように考えていたら何と言ってあげるか？」です。こう自問することで，子どもたちはアサーションを阻む考えを，自分で弱めることができます。

スライド 23 枚目

- 相手に強く言いたくなるオッシーが出てきそうになったとき
- 相手にはっきり言いにくいヒッキーが出てきそうになったとき
- 心の中にマイナスな考えが浮かんでいないか，ふり返ってみよう　！

マイナスな考えを小さくするヒント

友だちがそんな風に考えていたら
何と言ってあげるかを考えてみよう！

スライド 24 枚目

【シナリオ】

「Aさんは，こんな風に思ったよ」と言って，思考吹き出し（困っていたから……）を読み上げます。

そして，<u>クリック</u>して女性の吹き出し（Aさんのこの……）を読み上げ，気持ちを伝えてよいと思うかどうかを考えてもらいます。

【解説】

私たちは誰もが，他人の権利を侵さない限り，自己主張する権利があります。そのことを，子どもたちに気づいてもらいます。

スライド 24 枚目

Aさんは，近くにいたBさんに「手伝って」と伝えました。
でも，Bさんは手伝ってくれず，ほかの人が手伝ってくれました。
放課後，Bさんに会って自分の気持ちを伝えたいと思ったAさんは…

困っていたから，近くにいたBさんに手伝ってほしかったのに。手伝ってくれずに悲しかった。そのことをちゃんとBさんに伝えたい。

Aさんのこの気持ちを，Bさんに伝えてもよいと思いますか？

スライド 25 枚目

【シナリオ】

「気持ちよく生きるための大切なルール（スライドのタイトル）の２つ目です」と言って，『私たちは，……（メモ囲み）』を読み上げます。

【解説】

アサーションにとって大切な原則の１つです。誰もが自分の気持ちや欲求を表現する権利を持っています。ところが，「相手の申し出を断りたい場合」や「相手に頼みごとをしたい場合」，「相手に自分の意見を言う場合」などで，自己主張することに罪悪感を覚えたり，控えめに自己主張したりすることがあります。

人は誰であれ，自分の気持ちを相手に伝える権利を持っているのを納得できると，自分が相手に主張することと相手が自分に主張することを同じように大切にすることができます。

スライド 25 枚目

気持ちよく生きるための大切なルール

- 大切にするのは「自分」と「相手」
  大切にされるのも「自分」と「相手」
- 私たちは，自分の気持ちを相手に
  伝えてもよい

スライド26枚目

【シナリオ】

「では，自分の気持ちをどうやって相手に伝えるとよいのでしょうか。いよいよ３つ目の伝え方の登場です。『ハッキリン』です」と言ってクリック。ハッキリンの説明を読み上げます。

クリックすると，ハッキリンの例が出てくるので，それを読み上げます。この時，はっきりと読み上げてください。

【解説】

アサーションを「ハッキリン」というキャラクターにしています。このスライドによって，子どもたちはアサーションの概要が理解できます。

スライド 26 枚目

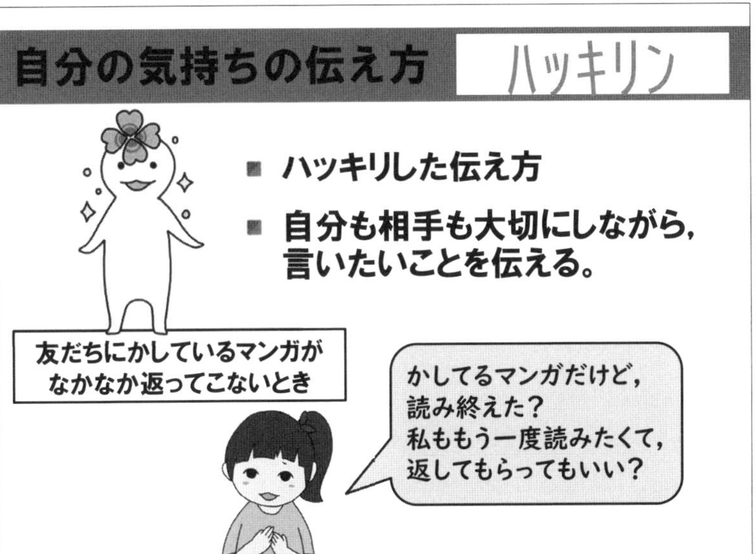
自分の気持ちの伝え方
ハッキリン
ハッキリした伝え方
自分も相手も大切にしながら，
言いたいことを伝える。
友だちにかしているマンガが
なかなか返ってこないとき
かしてるマンガだけど，
読み終えた？
私ももう一度読みたくて，
返してもらってもいい？

スライド 27 枚目

【シナリオ】

「ハッキリンには，こんな長所があります」と言って，ハッキリンによる３つのメリットを読み上げます。

【解説】

アサーションを用いることで，どのようなメリットが生じるかを理解してもらいます。

アサーションは，言いたいことが相手に伝わりやすくなるだけでなく，自分も相手も大切にするので，周りとの関係がよくなることを，このスライドによって子どもたちは理解します。時間に余裕があれば，これ以外のハッキリンのメリットを子どもたちに考えてもらってもいいですね。

スライド 27 枚目

自分の気持ちの伝え方　ハッキリン

- ハッキリした伝え方
- 自分も相手も大切にしながら，言いたいことを伝える。

ハッキリンの長所

◆ まわりの人との関係がよくなる
◆ 言いたいことが伝わりやすくなる
◆ おたがいを大切にすることができる

スライド28枚目

【シナリオ】

吹き出し（ハッキリンは……）を読み上げ，クリックします。ハッキリンはどの心の状態で現れやすいか，子どもたちに考えてもらいます。答えを引き出したらクリックして正解を読み上げます。

【解説】

ハッキリンがどの心の状態で表れやすいかを子どもたちに考えさせることで，「私もあなたもイイ」の心の状態でアサーションが使いやすくなることを理解してもらいます。

アサーションは，「自分も相手も同じように大切にされる権利を持っている」と納得できていると起こりやすくなります。そのことを子どもたちに気づいてもらうことで，自他尊重の心の態度を育みます。

スライド 28 枚目

わたしは
イイけど
あなたは
ダメ
わたしはイイ
自分を大切にする
わたしも
あなたも
イイ
あなたはイイ
相手を大切にする
わたしも
あなたも
ダメ
わたしはダメ
自分を大切にしない
あなたは
イイけど
わたしは
ダメ

スライド 29 枚目

【シナリオ】

「ハッキリンを育てるコツは，４つあります。まず１つ目は，『タイトル（自分の気持ちは……)』を読み上げます。

クリックして赤の囲み（主語を「あなた」……）を読み上げます。右隣にいるオッシーのセリフを読み，「主語があなたになると，乱暴な言い方になるね」と言います。

クリックして青の囲み（主語がない……）を読み上げます。右隣にいるヒッキーのセリフを読み，「主語がないと，あいまいな言い方になるね」と言います。

クリックして緑の囲み（主語を「わたし」……）を読み上げます。右隣にいるハッキリンのセリフを読み，左下に現れた２つの説明（「言いたいことがハッキリする」，「言い方がやさしくなる」）を読み上げます。

【解説】

アサーションで有名なＩ（アイ）メッセージの説明です。主語によって話し手の言い方や聞き手の受け取り方がまったく異なることを理解してもらいます。

言いたいことが相手にうまく伝わらないのは，何が言いたいのかがはっきりしていないからということがあります。こちらは言いたいことを言っているつもりでも，表現が曖昧なため相手に伝わらないことは意外と多いのです。「わたし」を主語にすることで，言いたいことが明確になります。

相手に気持ちを伝える時に，「あなた」を主語にすると相手は責められている気分になりやすいようです。こうした時，「わたし」を主語にすると相手は受け止めやすくなります。

スライド 29 枚目

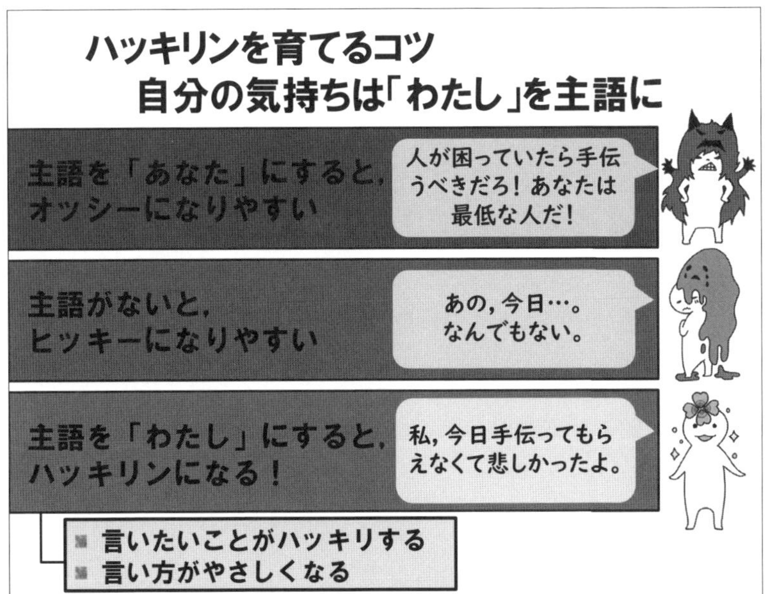

スライド 29 枚目　☆

スライド30枚目

【シナリオ】

先生が，オッシー，ヒッキー，ハッキリンの伝え方を子どもたちの前で実演して見せます。子どもたちは，それらを聞いて，伝え方の違いによってどんな感じがするかを隣同士で話し合ってもらいます。

「これから，先生が……」吹き出しを読み，クリックして「伝え方の違いで，……」を読み上げます。クリックして，「手伝って……」を読み上げ，クリックして，３つの言い方をそれぞれ感情こめて子どもたちの前で実演してください。

【解説】

オッシー（攻撃的表現），ヒッキー（非主張的表現），ハッキリン（アサーション）のそれぞれの伝え方で相手から言われた時にどんな感じがするかを，子どもたちに体験的に理解してもらいます。

子どもたちは，先生が実演した３つの伝え方を聞くことで，自分と相手を大切にする表現とはどういうことなのかが納得できます。

スライド 30 枚目

手伝ってくれなかった友だちに……

人が困っていたら手伝うべきだろ！
あなたは最低な人だ！

あの，今日…。
なんでもない。

私，今日手伝ってもらえなくて悲しかったよ。

これから，先生がオッシー，ヒッキー，ハッキリンで言ってみます。

伝え方の違いで，どんな感じがしたかを，お隣さんと話し合ってみて！

スライド 31 枚目

【シナリオ】

「オッシーで言うと」とクリックして，言った時と言われた時の説明を読み上げます。
「ヒッキーで言うと」とクリックして，言った時と言われた時の説明を読み上げます。
「ハッキリンで言うと」とクリックして，言った時と言われた時の説明を読み上げます。

【解説】

３つの表現で言った時と言われた時にどんな気持ちがするか，改めて説明します。このスライドによって，ハッキリン（アサーション）で伝えた方がよいことを子どもたちはさらに理解します。

スライド 31 枚目

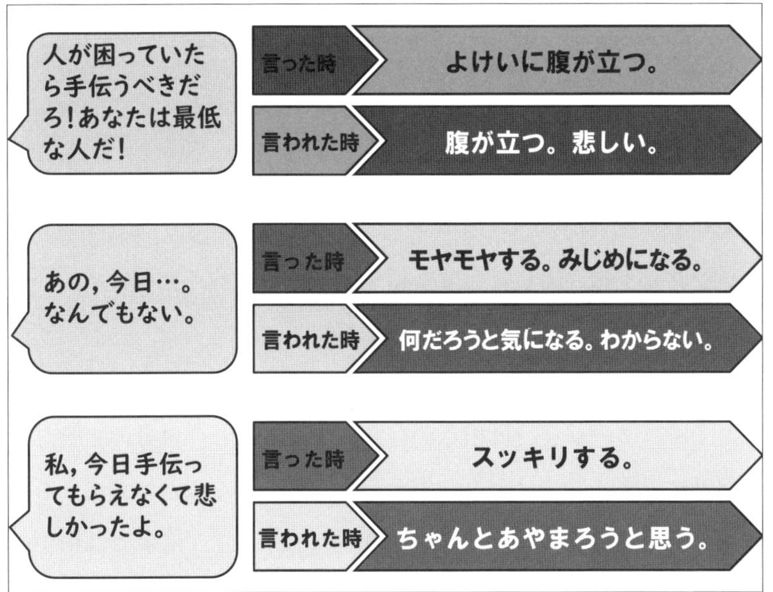
人が困っていたら手伝うべきだろ！あなたは最低な人だ！
言った時
よけいに腹が立つ。
言われた時
腹が立つ。悲しい。
あの，今日…。なんでもない。
言った時
モヤモヤする。みじめになる。
言われた時
何だろうと気になる。わからない。
私，今日手伝ってもらえなくて悲しかったよ。
言った時
スッキリする。
言われた時
ちゃんとあやまろうと思う。

スライド 32 枚目

【シナリオ】

「ハッキリンを育てる２つ目のコツは」と言って，スライドのタイトル（相手の気持ちも……）を読み上げます。

そして，吹き出し（コミュニケーションには……）を読み上げ，クリックして吹き出し（自分も相手も……）を読み上げます。

【解説】

コミュニケーションは相互的な営みであること，自分の主張だけを相手に伝えるのではなく，相手の気持ちを聞くことの大切さを理解してもらいます。相手の気持ちを聞くことで，「相手には相手の事情がある」ことをこちらも理解できます。

アサーションの基本は，「自他尊重」です。自分の気持ちを相手に伝えるだけでなく，相手の気持ちを聞くこともアサーションには不可欠です。そうして，お互いの気持ちを表現し合うことによって，私たちはお互いに理解を深めていくのです。

スライド 32 枚目

ハッキリンを育てるコツ
相手の気持ちも聞いてあげよう

コミュニケーションには，
「相手に話を伝えること」と
「相手の話を聞くこと」の
2つがあります。

自分も相手も大切にする
のがハッキリン！
相手の気持ちも
大切に聞いてみましょう。

スライド 33 枚目

【シナリオ】

「ハッキリンを育てる３つ目のコツは」と言って，スライドのタイトル（「どうして」は……）を読み上げます。「相手の気持ちを知りたい時や理由を知りたい時って,『どうして』って言葉を使うよね」と言って，クリックします。

赤の囲み（「どうして」を最初……）を読み上げて，右のオッシーの吹き出し（どうして……）を強い口調で読み上げます。そして，説明（最初に「どうして」と……）を読み上げます。

クリックして,緑の囲み(「どうして」を最後……)を読み上げます。右のハッキリンの吹き出し（手伝ってくれなかった……）を優しい口調で読み上げます。そして最後に説明（「どうして」を最後……）を読み上げます。

【解説】

相手の気持ちを聞く時に「どうして」や「なぜ」という言葉を使うことがあります。この時,「どうして」や「なぜ」が最初に来ると尋問調となり,相手は責められている気分になります。「どうして」を最後に持ってくることで，相手は責められている気持ちになりにくく，自分の気持ちを素直に表現しやすくなります。

スライド 33 枚目

ハッキリンを育てるコツ
「どうして」はあとまわしにしよう

「どうして」を最初に言うと，オッシーになりやすい

- 最初に「どうして」とたずねられると，相手は責められている気持ちになる

「どうして」を最後に言うと，ハッキリンになる！

- 「どうして」を最後にもってくると，相手は責められている気持ちになりにくい

スライド34枚目

【シナリオ】

Aさんの2つの吹き出し（「私，今日……」と「手伝ってくれなかった……」）を読み上げてクリックします。そして，Bさんの吹き出し（うまくできなかったら……）を読み上げます。

クリックしてAさんの思考吹き出し（そんな……）を読み上げます。クリックして，女性吹き出し（Aさんは……）を読み上げ，子どもたちから答えを引き出します。

【解説】

私たちは，誰もが言いたくないことは言わないでおく権利があります。そのことを，子どもたちに気づいてもらいます。

スライド 34 枚目

私，今日手伝って
もらえなくて
悲しかったよ。
手伝ってくれなかった
のはどうして？
うまくできなかったら
どうしようと思って，
動けなかったんだ。
ごめんなさい。
Aさん
Bさん
そんな事情（ワケ）が
あったんだ。
もうあなたとは絶交だっ
て言おうと思ったけど，
これは言わないでおこう。
Aさんは，言いたくな
いことは伝えなくても
よいと思いますか？

スライド35枚目

【シナリオ】

「気持ちよく生きるための大切なルール（スライドのタイトル）の３つ目です」と言って，『私たちは，……（メモ囲み)』を読み上げます。

【解説】

アサーションにとって大切な原則の１つです。「自己主張することは良いことだ」となると，「自己主張しなければならない」と思ってしまう人がいます。しかし，私たちは言いたくないことは言わないでいる権利も持っています。

特に，自分の心の守り方が十分に成長していない時は，言いたくないことを言わないでおくという心の守り方ができないことがあります。

ちなみに，この「言いたくないことは伝えなくてもよい」は，非主張的表現ではありません。非主張的表現との違いは，非主張的表現は「本当は言いたいのに言えない」のに対して，ここでの話は「言いたくないから言わない」です。

スライド 35 枚目

気持ちよく生きるための大切なルール

- 大切にするのは「自分」と「相手」
  大切にされるのも「自分」と「相手」
- 私たちは，自分の気持ちを相手に
  伝えてもよい
- 私たちは，言いたくないことは
  相手に伝えなくてもよい

スライド 36 枚目

【シナリオ】

スライドのタイトル（みんな……）を読み上げ，タイトル下（あなたの……）を読み上げてクリックします。

そして，青の囲みをゆっくりと読み上げ，クリックして次の青の囲みを出して読み上げます。５つの青の囲みが出そろったら，クリックしてオレンジの吹き出し（相手が……）を読み上げます。クリックしてオレンジの吹き出し（あなたにも……）を読み上げます。

クリックしてオレンジの吹き出し（そう考えると……）を読み上げ，右隣に現れた４つの心の状態のうちどの状態になるか，子どもたちに考えてもらいます。答えが出たらクリックして，「私もあなたもイイって状態になるよね」と言います。子どもたちから自発的な答えが出なかったら，下から順に「これだと思う人」と尋ねて挙手をして答えてもらっても構いません。

【解説】

車を運転している時に，後ろから猛スピードで近づいてくる車があれば，「あおってくるなぁ。乱暴な人だ」と思いますね。だけど，もしもその車を運転している人が，「子どもが大けがをして救急車で病院に運ばれた」と学校から連絡があり，「お願い，無事でいて！」

という気持ちからつい荒い運転になっているのがわかったとしたらどうでしょう。その人に優しい気持ちを向けることができると思います。

私たちは，誰もが自分にしかわからない事情を抱えています。そして，私たちの行動は，自分の抱えている事情をもとに起こります。私たちは，相手が気に入らないことをしたら，つい自分のフィルターで捉えてしまい，ネガティブに解釈してしまいがちです。しかし，相手の行動は，相手にしかわからない事情から生まれています。そして，それは自分にも言えることです。「その対応の裏には何か事情があるかも」と思いを馳せると，対人関係の理解が豊かになり，人に対する共感がわき起こります。このスライドは，自他尊重の心の成長を狙っています。

スライド 36 枚目　☆

スライド 36 枚目

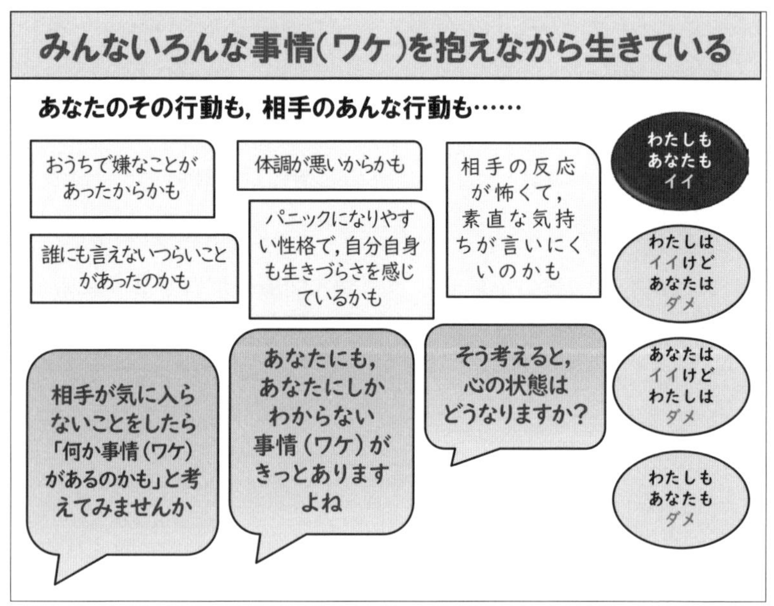
みんないろんな事情（ワケ）を抱えながら生きている
あなたのその行動も，相手のあんな行動も……
おうちで嫌なことがあったからかも
体調が悪いからかも
相手の反応が怖くて，素直な気持ちが言いにくいのかも
誰にも言えないつらいことがあったのかも
パニックになりやすい性格で，自分自身も生きづらさを感じているかも
わたしもあなたもイイ
わたしはイイけどあなたはダメ
あなたはイイけどわたしはダメ
わたしもあなたもダメ
相手が気に入らないことをしたら「何か事情（ワケ）があるのかも」と考えてみませんか
あなたにも，あなたにしかわからない事情（ワケ）がきっとありますよね
そう考えると，心の状態はどうなりますか？

スライド 37 枚目

【シナリオ】

「気持ちよく生きるための大切なルール（スライドのタイトル）の４つ目です」と言って，『相手が気に入らないことを……（メモ囲み)』を読み上げます。

【解説】

スライド 36 枚目で伝えたメッセージを，ここで改めて強調しています。お互いが，相手の気に障る行動を頭ごなしに評価せず，「何か事情があるからかも」と思うだけで，自分の気持ちには余裕が生まれ，相手に対して優しい気持ちが生まれます。このメッセージを強調することで，子どもたちに「自他尊重」の心を育むことを狙っています。

学校や家庭，職場，地域など，私たちが住むコミュニティでは，誰もが自分なりの価値観を持ち，さまざまな事情を抱えて生きています。発達障害を持っているために，人間関係にうまく折り合いをつけることができず，当事者自身がその特性に強い生きづらさを感じていることもあります。虐待などの辛い体験により，世の中に対する信頼感が損なわれてしまった結果，周りの人を信頼したくてもできないこともあります。

私たちの行動は，その人にしかわからない事情から生まれており，だからこそ他人の行動を頭ごなしに評価することはできないのです。そして，そのような人間理解は他人に向けられるだけではなく，自分にも向けられるものです。私たちが，多様性を当たり前のこととして認め，自他尊重を生き方の基本の一つに置くだけで，世の中はもっと暮らしやすくなるように思います。

スライド 37 枚目

気持ちよく生きるための大切なルール

- 大切にするのは「自分」と「相手」
  大切にされるのも「自分」と「相手」
- 私たちは，自分の気持ちを相手に伝えてもよい
- 私たちは，言いたくないことは相手に伝えなくてもよい
- 相手が気に入らないことをしたら，事情（ワケ）があるかもと考えてみよう

スライド38枚目

【シナリオ】

「いっしょに……」「『ありがとう』の……」の２つの吹き出しを読み上げ，お隣さんでペアになってもらいペアになった相手に「ありがとう」と伝え合ってもらいます。

この時，先生が表情や声のトーンに感謝の気持ちをこめて「ありがとう」と言って見せることで，子どもたちにモデルを示してあげてください。

【解説】

「ありがとう」と感謝の言葉を伝えることと伝えられることが，双方にどのような気持ちをもたらすかを体験的に理解してもらいます。そうすることで，子どもたちは「ありがとう」という感謝の気持ちを相手に伝えることの大切さが理解できます。

スライド38枚目

いっしょに授業を受けてくれたお隣さんに「ありがとう」と伝えましょう。
「ありがとう」の気持ちを表情や声のトーンにも表してみてくださいね！

スライド 39 枚目

【シナリオ】

「ハッキリンを育てる最後のコツです」と言って，スライドのタイトル（気持ちを伝えて……）を読み上げて，クリックします。

「気持ちを伝えた人へ」の緑の囲みを読み上げ，ハッキリン吹き出し（気持ちを聞いて……）を笑顔でハッキリと優しい口調で読み上げます。

クリックして，「気持ちを聞いた人へ」の緑の囲みを読み上げ，ハッキリン吹き出し（気持ちを伝えて……）を笑顔でハッキリと優しい口調で読み上げます。

クリックして，「『ありがとう』は……」を読み上げます。

【解説】

どのような結果になるにせよ，こちらの気持ちを相手が聞いてくれたことは，「聞く」という一点においてこちらを大切にしてくれています。反対に，気持ちを聞いた側にしてみると，気持ちを伝えてくれた相手は，勇気を出してこちらに伝えてくれたわけです。

気持ちを聞いてくれた人への感謝と，気持ちを伝えてくれた人への感謝の気持ちを互いに「ありがとう」の言葉にする。それは，自他尊重の基本であり，お互いを理解しあう営みをより強めることになります。

スライド 39 枚目

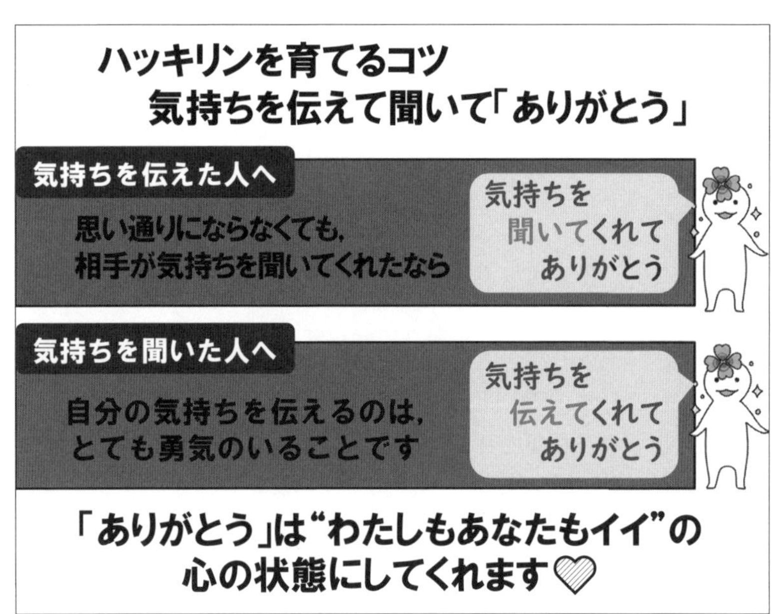

スライド40枚目

【シナリオ】

囲み「オッシーで言った……」とその下の「あの時は，オッシーで……」を読み上げます。次に，囲み「ヒッキーで言った……」とその下の「あの時は，ヒッキーで……」を読み上げます。クリックして，吹き出し（自分で気づけた……）を読み上げます。

【解説】

アサーション授業を受けて，かつてオッシーで言ったことを思い出し，自責に駆られる子どもがいるかもしれません。または，かつてヒッキーで言ったことを思い出し，悔しくなったりみじめになったりする子どもがいるかもしれません。そうした子どもがいた場合に備えて，心のお手当をするスライドです。

オッシーやヒッキーが自分の中にもいると気づけることは，実はとても重要なことです。そうした気づきを経て，「相手に対して自分はどんな伝え方をすればよいだろう」と，自分の課題としてコミュニケーションについて考えることができるからです。

スライド 40 枚目

オッシーで言ったことがあると気づいた人へ
ヒッキーで言ったことがあると気づいた人へ
「あの時は,
で言ってごめ
伝えてもいい
直接言
の中で　時はご
めん ね」　のも
OK
自分で気づけたことが,
今回一番の大きな収穫です!
しゅうかく
いいね。
ハッキリンを，ゆっくり育てていけば大丈夫!

スライド 41 枚目

【シナリオ】

最後のスライドです。クリックして，４つの囲みに書かれたことを読み上げてください。

時間に余裕があれば，子どもたちから感想を聴いてもいいですね。

【解説】

これまでのまとめです。ここでのメッセージは，「伝え方によって自分も相手も大切にできる」「望ましい伝え方がハッキリン（アサーション）である」「最初からうまく言えなくてもよい」「困った時は，先生や友だちに助けを求めてよい」です。

新しく学んだスキルを，いきなりうまく使いこなすのは，誰にとっても無理なことです。子どもが新たなことを学習しても，それについての自己効力感（自信）が高まらない理由の１つは，「最初からすべてうまくやらなければならない」と思ってしまうことです。ですから，最初からうまく言えなくてもよいということを強調しておくことが重要になります。

また，“はじめに”でも述べたように，助けてほしい時に「助けて」と言えることは，私たちが生きていくうえでとても大切なことです。困った時は周りに助けを求めてよいことを最後にしっかりと伝えて，この授業を終えてください。

スライド 41 枚目

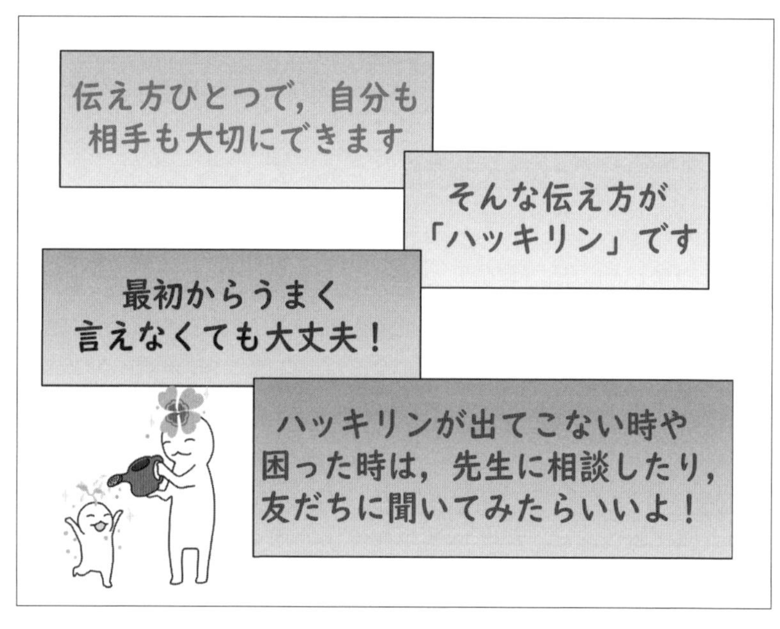

おわりに

ハッキリンが世に出た 2018 年からわずか数年後，誰も想像も経験もしていない Covid-19 で世の中は一変しました。人と直接話すことは憚れ，マスクやアクリル板，もしくはスマートフォン，タブレット・PC を通した画面越しでの会話が常になってしまいました。この間，SNS でのやりとりも「リアクション」や「スタンプ」のみとなったことが進んだ結果，我々が当初目指していた，自他共に認め合うこと，互いの気持ちをキャッチするというところから少し離れてしまったように思います。

それらの影響から，私自身が発達支援で関わった子どもの発語や表情の理解が遅くなり，親御さんの育児ストレスも高まっていることを感じました。また勤務する大学では，いつもは賑やかな中庭での話し声も聞こえなくなり，学生からは，触れると大きな音を立てて割れてしまいそうなくらい，パンパンに気持ちが張っている様子が画面越しからも見られました。我々の目指していたものとは違う方向に世の中が進み，その歪みを感じつつも私自身どうすることもできず，ネガティブな感情で辛くなる日も多くありました。そんな中，この本を手に取り，コツコツと地道に我々のプログラムを信じて，丁寧に現場で実践されていた方々が多くいらっしゃったことが本書の出版に繋がり，プログラム作成に携わった者として感謝の思いでいっぱいです。誠にありがとうございます。本の感想と共に，子どもたちの理解が難しかった点や説明の難しいところについて“ハッキリン”の形で沢山のお声をいただきました。短い期間ではありましたが，その声を基に3名で何十往復とメール等でやり取りしながら検討を行い，新しい形にすることができました。加えて，多くの人に理解を深めてもらえるよう多様性に配慮し，ユニバーサルデザイン化をさらに意識したパワーポイント資料の改良を致しました。ユニバーサルデザイン化とともに，今回もイメージに合うイラストを大塚さんがお忙しい中快く引き受け，描き加えてくださいました。皆さんのお力が我々の改良への意気込みへと繋がり，短期間集中での出版へと繋げることができました。

このように“ハッキリン”が出たことで，皆さんとともにさらに進化させることができたことが嬉しく，今ハイタッチで分かち合いたい気持ちです。そして，共にとても辛い経験したからこそ，皆さんと新たなステージを歩むことができると信じております。

2023年6月現在はWithコロナと言われ，対面でお話することもできるようになってきました。また，国内外の行き来に対する制限も緩和されました。こちらのハッキリンも装いを新たに，互いの温かい気持ちをキャッチできる距離感と安心感，そして温もりの輪がさらにさらに広がりますように。

松尾理沙

ダウンロード・ファイルについて

ハッキリンで互いの気持ちをキャッチしよう .ppsx

本書のプログラムのパワーポイント スイライドショー用のデータ。PowerPoint®Office365 で作成しています。2013 では問題なく作動します。2007 では数カ所アニメーションが動かないところがあります。それ以前のバージョンやその他のプレゼンテーション・ソフトでの動作は確認していません。ウィンドウズでの動作は確認していますが，マッキントッシュ OS などでの動作は確認していません。

PowerPoint® の操作については，同ソフトウェアの解説書をご覧ください。

教室掲示①～④.pdf

ハッキリンで互いの気持ちをキャッチしよう＿教室掲示①～④.pdf

①～④まであります。授業が終わった後に，教室に一定期間掲示する資料の原板です。掲示物は全部で４種類あります。教室に掲示する余地が十分になければ，①から順に掲示できる番号の資料まで貼り出してください。プリントアウトをして，子どもたちに配布してもかまいません。

☆　ダウンロード・ファイルについて

ダウンロードの仕方

本書のプログラムのパワーポイント スイライドショー用のデータ等は，小社ホームページから無料でダウンロードができます。ライセンスフリーですので，そのままご使用いただくことも，改良を加えてご使用いただくことも可能です。

このダウンロードができるのは，本書の購入者に限ります。購入者以外の利用はご遠慮ください。

1）小社の販売サイト「遠見書房の書店」https://tomishobo.stores.jp/ にアクセスをしてください。

2）左上の検索ボタン（虫眼鏡のような形をしたアイコン）を押して，「アサーション授業プログラム・ダウンロード資料」を検索してください。URL は，https://tomishobo.stores.jp/items/64ed74a559c1120030a2f1b5 です。（もしくは下の二次元バーコードをお使いください）

3）「0円」であることを確認して，「カート」に入れて，手続きを進めてください。

4）手順に沿ってダウンロードができたら，ファイルをクリックします。パスワードを要求される場合は，Ta45Uksjl（ティー・エー・よん・ご・ユー・ケイ・エス・ジェイ・エル）を入力し

てください

5）ファイルサイズは，28 MB ほどです。

6）うまく行かない場合は，弊社 tomi@tomishobo.com までご連絡をください。

使用条件

・ワークシートが利用できるのは，本書の購入者のみです。購入者以外は利用できません。

・このデータは，購入者の実践支援のために作られたものです。読者の臨床・教育実践や支援とは関係のない使用や第三者への本データの販売，譲渡，本データをウェブサイトや SNS などで不特定多数の方がアクセスできるようにすること，研修会などで資料として配布することなどは禁止します。

・本書の購入者が，支援以外の活動において使用する場合（たとえば研修会などの資料などに使う，SNS やウェブサイト，印刷物に利用する等）は，弊社 tomi@tomishobo.com までお問い合わせください。

・不正な利用が見つかった場合は必要な措置をとらせていただきます。

・本書データの著作権は，著者の竹田伸也さんら 3 人に，配布権は遠見書房に帰属します。

・本書に関連する著作権についての問い合わせは，遠見書房が窓口になっています。御気軽にお問い合わせください。

遠見書房 tomi@tomishobo.com

☆　ダウンロード・ファイルについて

執筆者紹介

竹田伸也（たけだ・しんや）

鳥取大学大学院医学系研究科臨床心理学講座教授。博士（医学）。香川県丸亀市出身。鳥取大学大学院医学系研究科医学専攻博士課程修了。臨床心理士，公認心理師。
鳥取生協病院臨床心理士，広島国際大学心理科学部講師，鳥取大学大学院医学系研究科講師，准教授を経て現職。日本老年精神医学会評議員，日本認知症予防学会代議員，日本認知・行動療法学会認知行動療法スーパーバイザー等を務める。
「生きづらさを抱えた人が，生まれてきてよかったと思える社会の実現」を臨床研究者としてもっとも大切にしたい価値（ビジョン）に掲げ，研究や臨床，教育，執筆，講演等を行っている。
主な著書に，『一人で学べる 認知療法・マインドフルネス・潜在的価値抽出法ワークブック―生きづらさから豊かさをつむぎだす作法』（遠見書房，2021），『対人援助職に効く 人と折り合う流儀―職場での上手な人間関係の築き方』（中央法規出版，2023）など多数。アルツハイマー病の早期発見に役立つスクリーニング検査『竹田式三色組合せテスト』（遠見書房，2022）の開発者の一人である。

松尾理沙（まつお・りさ）

沖縄大学人文学部こども文化学科准教授。博士（医学）。
沖縄県豊見城市出身。鳥取大学大学院医学系研究科医学専攻博士課程修了。臨床心理士，公認心理師。
北九州市八幡特別支援学校，松江市発達・教育相談支援センター「エスコ」，沖縄大学人文学部こども文化学科講師を経て現職。公立久米島病院での心理士外来，久米島町教育委員会での教育支援委員会委員として臨床，研究に携わる。
「子どもとその家族が地域での共生社会を実現」するために，自分自身に何ができるかさまざまな領域の先輩方や仲間や学生の力と知恵と若さを借りながら模索中。
著書に，『自閉症の子どものための ABA 基本プログラム 3 ―家庭で無理なく楽しくできる生活・自立課題 36』（分担執筆，学研，2011），『マイナス思考と上手につきあう認知療法トレーニング・ブック―心の柔軟体操でつらい気持ちと折り合う力をつける』（分担執筆，遠見書房，2012），『8 つの視点でうまくいく！　発達障害のある子の ABA ケーススタディ』（分担執筆，中央法規，2013），『自閉症の子どものための ABA 基本プログラム 34 ―家庭で無理なく楽しくできる困った行動 Q & A』（分担執筆，学研，2015），『トントン先生の乳幼児検診―時期別・状況別・臓器別に学べる，限られた時間での診方・考え方のコツ』（分担執筆，羊土社，2021）など。

大塚美菜子（おおつか・みなこ）

香川大学保健管理センター講師。
京都府長岡京市出身。兵庫教育大学連合学校教育学研究科学校教育臨床連合講座博士後期課程単位取得満期退学。臨床心理士，公認心理師，EMDR 認定コンサルタント・ファシリテーター。
公益財団法人ひょうご震災記念 21 世紀研究機構兵庫県こころのケアセンター主任研究員，兵庫教育大学非常勤講師を経て現職。CPT（認知処理療法）や EMDR（眼球運動による脱感作と再処理法）などを用いたトラウマ回復支援を専門に臨床研究活動を行っている。
著書に，『嘔吐恐怖症』（分担執筆，金剛出版，2013），『マイナス思考と上手につきあう認知療法トレーニング・ブック―心の柔軟体操でつらい気持ちと折り合う力をつける』（分担執筆，遠見書房，2012），『こわかったあの日にバイバイ！―トラウマと EMDR のことがわかる本』（翻訳，東京書籍，2012），『私の中のすべての色たち―解離について最初に出会う本』（翻訳，スペクトラム出版，2017），『EMDR がもたらす治癒―適用の広がりと工夫』（共監訳，二瓶社，2016）など。
本書のイラストも担当している。

クラスで使(つか)える！
アサーション授業(じゅぎょう)プログラム
『ハッキリンで互(たが)いの気持(きも)ちをキャッチしよう』　改訂版

2018年10月25日　第1版　第1刷
2023年10月10日　改訂版　第1刷

著　者　竹田伸也(たけだしんや)・松尾理沙(まつおりさ)・大塚美菜子(おおつかみなこ)
発行人　山内俊介
発行所　遠見書房

遠見書房

〒181-0001 東京都三鷹市井の頭 2-28-16
TEL 0422-26-6711　FAX 050-3488-3894
tomi@tomishobo.com　http://tomishobo.com
遠見書房の書店　https://tomishobo.stores.jp

印刷　太平印刷社・製本　井上製本所

ISBN978-4-86616-179-2　C0011